かかわると面倒くさい人

榎本博明

JN231267

日経プレミアシリーズ

はじめに 「面倒くさみ」の探究

「あー、ホント面倒くさい」

心の中でそうつぶやかざるを得ない相手というのがいるものだ。

あの人とかかわると、なぜか疲れる。そんな相手がいる。

無駄に細かいことにこだわる。すぐにいじける。やたら対抗心を燃やす。持ち上げられないと機嫌が悪くなる。飲むと絡んでくる。面倒くささもいろいろだ。

その手の人物とかかわると、イライラしてストレスが溜まる。「いい加減にしてくれ」と言いたくなる。

タイプはいろいろだが、どんな職場にも面倒な人というのがいるものだ。そういう人物とかかわることで心のエネルギーを吸い取られ、本来の仕事に支障が出ることもある。だが、職務上かかわらないわけにはいかない。

面倒な人は、職場だけでなく、プライベートな場にもいる。友だちにその手の人物がいると、どうにも厄介だ。

仕事で溜め込んだストレスを発散する場であるはずの友だちとの飲み会で、イライラしたり気をつかったりして、さらにストレスを溜め込んでしまうことがある。

ママ友がお茶を飲みながら談笑している様子を見ていても、みんな気をつかってピリピリした空気が漂うのが感じられたりする。きっと面倒な人がいるのだろう。

どこにでもいる面倒くさい人。そんな人のために生活をかき乱されてはたまらない。何とかうまくかわす術を身につければ、心のエネルギーを吸い取られずにすむ。

そのためには、身近によくいる面倒くさい人の行動パターンやその背後で作動している心理メカニズムを知ることが必要だ。

行動パターンがわかれば、向こうの反応を予測しながら、適当にかわすことも可能になる。

心理メカニズムがわかれば、変に刺激しないような対処行動がとれるとともに、その気持ちを理解することで、「まあ、いいか、しようがない」と大目に見ることができるようになり、イライラも軽減する。

こっちがこんなにうんざりしているのに、当の本人は自分が周囲の人たちにとって面倒くさい人になっているとは夢にも思っていない。これは、よく考えてみると、相当に怖ろしいことなのではないだろうか。

もしかしたら、あなたも人から「面倒くさい人」と思われているかもしれないのだ。

じつは私自身、ある種の人たちにとっては、「ものすごーく面倒くさいヤツ」のようなのだ。

心理学などを専門にしていると、単に人を観察するだけでなく、人の反応を参考にしながら自分自身を振り返ることも多いため、そうした自己認知もちゃんとある。

でも、ここで開き直ったような言い方をすれば、面倒くさくなければよいのだろうか。無色透明な存在。それは面倒くさくないかもしれないが、何だか味気ない。やはり自分なりのこだわりはもちたい。

ただし、どこにこだわるかが問題だ。それを間違えると、ただの面倒くさい人になってしまう。

目次

第3章 面倒な人はなぜ面倒なのか――背後に潜む心理メカニズム

同じミスを繰り返す部下のある共通点
○○が高いほど年収、学歴は高くなる
感情的な人はストレスに弱い
「できるアピール」をする薄っぺらい人
能力の低い人ほど自分を過大評価する
あの人が不釣り合いな自信をもつのはなぜか
厄介な彼・彼女の劣等コンプレックス
「こんなことも知らないの？」を流せる人、流せない人
なぜわざわざ痛い人物になってしまうのか
子どもに鬱陶しがられる親の「べき思考」

第4章

「話をややこしくする天才」とどうつきあうか

歪みは直せるのか?
心理傾向や行動はなかなか変わらない
面倒くさい人ならではのこだわりも
「わけのわからない人」はこうして生まれる
優秀な子をほめてはいけない教師
どうしても意見がすりあわないときには
自分の常識は、他人の非常識
面倒な人へのイライラを軽減する対応策
歪みを指摘すると、さらなる面倒に巻き込まれる
「今のあなたではまずいよ」を人は冷静に受け止められない
極度に面倒くさく、手に負えない人の場合

第1章

「悪い人じゃないんだけど…」はなぜ起こるか

「そんなことないよ」と言ってほしい人

会うたびに自分の身の上を嘆く人がいる。

嫌なことがあれば、だれだって嘆きたくなるものだ。そんなときは、もちろん慰め、励ましてあげたくなる。でも、会うたびにあれこれ嘆くのを聞かされ、慰め役を引き受けていると、いい加減うんざりしてくる。

人生に浮き沈みはつきものだし、良いこともあれば悪いこともある。それなのに嫌な目にあったことばかり話す。報われることもあるだろうに、報われない思いばかり語る。うまくいくこともあるだろうに、うまくいかなかったことばかり口にする。

その人と話している場面を振り返ると、いつも必死に慰めている自分がいる。

「お前はいいよな、しっかり成果を出してて。オレはダメだ」

と嘆く。たしかに今期は成果が出ているが、いつもうまくいくわけじゃないので、

「今期はたまたま運が良かったけど、次期はどうなるかわからないよ」

と言うと、

「オレ、コミュ力低いから、きっと営業、向いてないんだよ」

などと自虐的になる。そう言われれば、

「そんなことないよ」

と否定するしかない。すると、自分がいかにコミュ力が低いかをくどくど説明し始める。

「オレ、どうしても雑談が苦手でさぁ、取引先の担当者と向き合っても、うまく言葉が出てこないんだ」

などと言うので、

「それはべつにいいんじゃない。軽薄な感じにならないし、誠実さが漂うかもしれないし。口八丁手八丁の調子よくしゃべるタイプの方が絶対警戒されると思うよ」

とこっちも必死に励ますしかない。

会うたびにいつもこんな調子だ。向こうはいかに自分がダメかを嘆き、こっちは「そんなことないよ」と慰める。あるいは、それなりに成果を出しているのに、上司が正当に評価してくれないといって、努力が報われず不遇な目にあっている自分の身の上を嘆く。それに対して、「きっと努力が報われるときが来るよ」と慰める。そんなやりとりばかりだ。

そのような人物は、職場にいるだけではない。

休日の午後にママ友とお茶を飲みながらおしゃべりをしていると、そこでもいつも慰め役を引き受けることになってしまうという人がいる。

「ウチの子、テストでとんでもない点数を取ってきたの。100点満点でなんと50点よ。もう、嫌になっちゃう」

と嘆くから、

「そんなときもあるよ」

と慰めるしかない。それでも嘆きは続き、それに呼応して励ましも続く。

「ちゃんと勉強しなくちゃダメでしょ、って言っても、全然しないんだから、先が思いやられるなあ」

「そのうちやり始めるよ。まだ小さいんだし、今のうちは伸び伸び遊んでる子の方が、将来伸びるんじゃないかな」

「そうかなあ。あの子が将来勉強してる姿、想像できないなあ」

「あなたがそんなこと言ってちゃダメでしょ。信じてあげないと」

「そうだね、でも全然イメージ湧かないな」

「イメージしないと。子どもは親の期待をけっこう意識するっていうよ」

「そうなの？　じゃ、信じて待つかな」

「そうだよ」

いつもこんな調子だ。じつは、ウチの子はもっと酷い成績を取ってきたりしているのだから、慰め励ます役を引き受けながらも、何とも複雑な気持ちだ。でも、向こうは自分の子どものことを嘆くばかりで、こっちの子どものことなど眼中にない。

悪い人じゃないんだけど、こんなつきあい、なんだか面倒くさいなと思ってしまうとこぼす。

他人の成功や幸福にケチをつける人

何かと僻みっぽい人物も面倒だ。

仕事で成果を出した人のことをみんなで「すごいね」と話していると、

「運が良かったんでしょ」

とケチをつけるようなことを言う。

周囲から「あの人はできる人だ」とみなされている人物が昇進したときも、

「彼は上役に気に入られてるからね」

と、いかにも実力に見合わない昇進であるかのような嫌味な言い方をする。

実力を認めないわけにはいかない場合も、

「彼は仕事はできるけど、人格的に未熟だから、人間関係でトラブるんだよな」

「なぜか、こういうことだけ得意なんだよね。ずいぶん抜けてるところがあるんだけど」

などと、必ず何か貶《おとし》めるようなことを言わずにいられない。

こっちが成果を出して上司からほめられたときも、

「珍しいこともあるもんだね」

とあからさまに嫌味を言ってくる。

何かにつけてこんな調子で、何かうまくいった人がいると、必ず嫌味っぽいことを口にする。

人の成功を素直に喜んだり、人の有能さを素直に認めたりすることができないのだ。だから反射的に嫌味を言う。それで場の空気は気まずい感じになるし、自分が標的となり嫌味を言われるのも不快である。

ゆえに、この手の人物の前では、何かでうまくいった人の話は極力出さないようにする。自分が何かでうまくいったときも、その話題は出さないようにする。

本人は、そうした自分自身の習性をまったく自覚していないようだが、だれもが気をつかっている。というよりも、面倒くささにうんざりしている。

小さな話を大きくして、そしてこじらせる人

簡単な話なのに、わざわざ大げさな話にしてしまう人がいる。そういうタイプが相手だと、何かと話がこじれる。

日頃仕事をしている中で、「これはこうした方が能率よくできるな」と思って、決められた手順を自分なりにちょっとアレンジして進めていると、

「勝手なやり方は困ります」

とストップがかかる。実際上、何の支障も生じていないので、

「ちょっと手順を変えただけで、最終的には何も違いはないんです。ただ、こうした方がスムーズにできるので」

と説明しても、

「部署としての方針を変えるとなると、会議にかけてみんなで慎重に検討しないといけませんから」

などと、ややこしいことを言い出す。

「いえ、部署の方針を変えるなんて、そんな大げさな話じゃないんです。書類作成の手順を能率的にするだけなので、現場の判断でやらせていただければと……」

とていねいに説明しても、

「そんなふうに安易に考えるのは困ります」

などと説教口調になる。どうにもこっちの言い分が通じない。

けっして仕事を妨害するつもりはなく、何の悪意もないようなのだが、何でも大げさな話になってしまい、どうにも面倒なことになる。

サポートを求めないとすねる上司

被害者意識のようなものが感じられ、さらにややこしいタイプもいる。

ルーティンの書類作成をしているとき、上司が忙しくしていたため、途中で相談することをせずに、とりあえずひとりで進め、完成させてから、

「とりあえず作成しました」

と見せに行き、チェックしてもらおうとすると、

「できたの？　僕のサポート、いらないってわけね」

などと嫌味な言い方をする。

「いえ、そういうわけじゃなくて、課長が来客対応でお忙しくされてたから、とりあえず作成してからチェックしていただこうと思って」

と事情を説明しても、

「勝手にできちゃうんだもんな。優秀だよな」

と嫌味っぽいことばかり言う。

こっちはほんとうに忙しそうだからできるだけ負担をかけまいと思って配慮したつもりなのに、すぐにややこしいことになってしまう。

しょっちゅうこんな感じになるため、どうにも面倒くさくて仕方がない。

なぜ「ほんとうにいいの？」といちいち蒸し返すのか

まとまりかけた話を蒸し返す人も面倒だ。

ようやく話がまとまりかけたと思ったら、

「でも、ほんとうにこれでいいのかな」

などと言い出す。いろいろ議論してやっと決まりかけたのに、今さら話を蒸し返さないでほしいと思い、

「もう、十分検討してきたわけだし」

と言っても、危惧されることをつらつら述べ始める。

それはすでに検討済みのはずだ。そういう懸念もたしかにあるけど、うまくいった場合のメリットは計り知れないし、万一の場合も対処可能だから、気にしないでいいのでは、とい

うことになったのである。

「もういいから黙れ」と言いたい気持ちをかろうじて抑えつつも、「また振り出しに戻っちゃうじゃないか」とイライラする。

頼み事を引き受けたところで蒸し返す人もいる。

「いいですよ」

とこちらが引き受けようとしているのに、

「ほんとうにいいの？　でも、負担かけることになっちゃうし、やっぱり申し訳なくて……」

と言って躊躇する。

こっちが「いいよ」と言っているんだから、もうつべこべ言わないでほしいし、早く話を切り上げたい。それなのに、遠慮するようなことをあれこれ言う。「だったら最初から頼むなよ」と言いたくなる。

でも、こういったタイプはねちっこいから、ここで「じゃあ、やっぱり引き受けるのはやめる」なんて言ったら、ネチネチと嫌味を言われたり、悪い噂を流されたりしかねない。

ゆえに、「ほんとに気にしなくていいから」と、こっちも繰り返すしかない。話がなかなか進まずイライラする。無駄な儀式をしているようで、ほんとうに面倒くさい。

会議で異議を唱えずにいられない人

やたら好戦的で、すぐに戦闘モードのスイッチが入る人物もややこしい。

会議などでだれかが意見を言ったり提案をしたりすると、必ずその弱点を突くような意見をぶつけたり、疑問を投げかけたりする。

たとえば、何らかの提案があると、

「その提案には、三点ほど、極めて重大な欠陥があるというか、リスクが伴うと思います。まず第一点は……」

などと得意げに意見を披露し、提案者の方を見てニヤッとする。じつに攻撃的で挑戦的な態度を示す。

だが、話の内容をよく聞いてみると、たいしたことは言っていない。「重大な欠陥」などという類の話ではなく、どうでもいいような細かな点に疑問を突きつけている感じにすぎない。まるで人の粗探しをしているようで、聞いていて気分が悪い。

それでも、その言い方が自信たっぷりなため、圧倒されて、真に受けてしまう人もいるのでややこしい。

自分がその標的になったときなど、ムキになって対抗しようとするので、「またか、いい加減にしてくれ」「なんでいつもそんなふうに喧嘩腰なんだ」とうんざりする。ついこっちも攻撃的なモードになり、喧嘩のような議論になってしまうこともある。

他人の意見や提案が通ったからといって、その人物の失点になるわけでもないのに、なぜいちいち対抗心を燃やすのかがわからない。

逆に、その人物の意見や提案に反対するつもりなどなく、ただちょっとわかりにくい点があり、そこを確認しようとして質問をしただけでも、まるでケチをつけられたみたいに攻撃的な反応を示す。

ましてや、その意見や提案に疑問点があり、そこを指摘したりすると、喧嘩腰で反論してくるので、指摘するのが面倒くさくなるが、言わないわけにもいかない。

その人物の提案にはやや弱点があるため、通りやすくするための改善案を示唆しても、まるで自分の提案にケチをつけられたかのように、ムキになって反論する。

何に関してもこんな感じで、すぐに戦闘モードになるため、できることならかかわりたくないと周囲のだれもが思っている。

何かにつけて「おかしいと思わない?」

会えば、他人のことをあげつらって、その人の言動を非難するようなことばかり言う人がいる。

上司や同僚の言動を事あるごとに取り上げて、

「こんなこと言うんだよ、おかしいだろ?」

と言う。聞いていて、「たしかに、それはおかしい」と思うこともたまにはあるが、「そんなの、どうでもいいじゃないか」と思うことの方が圧倒的に多く、いちいち反応するのが面倒くさくなる。

他人の言動のみならず、職場の制度や慣習の細かなことも気になるようで、気になる点を何だかんだ説明して、

「おかしいと思わない？」

と言ってくる。こっちからすればどうでもいいようなことなので、そもそも説明を聞くのが面倒くさい。適当に返事をしながら聞き流すわけだが、そんなことにこだわることの方がおかしいんじゃないかと思ってしまう。

プライベートなつきあいでも、この手のタイプに面倒くささを感じさせられることがある。

「Aさんの服装見た？　なんか勘違いしてるよね」

「ねえ、知ってる？　Bさん、幼稚園に通ってる子がいるのに、○○教室に通ってるんだって。優雅だね、っていうか、お迎えとか、どうしてるんだろうね」

「この前、仕事で○○ホテルに行ったとき、Cさんが家族で食事に来てるのを見かけたんだ。あんなとこに家族で食べに行くなんて、すごい贅沢だな」

こんな感じで、人のことについて、いちいち非難がましい言い方をするので、聞いていて気分が悪い。

「そんなこと、どうでもいいじゃないか」「いちいちいちゃもんつける方がみっともないよ」と言いたくなる。

他人の事情などこっちには何もわからないのだから、口を挟むようなことではない。でも、いちいち非難がましいことを言わずにいられないようなのだ。

謙虚すぎて、ただならぬ雰囲気を生み出す

言葉づかいがていねいで、非常に礼儀正しいのだが、それが行きすぎていて、どうもつきあいづらい人がいる。

ふつうなら初対面の頃はお互い気をつかって堅苦しい感じでも、何度か会ううちに、多少はざっくばらんな話し方ができるようになるものだ。

だが、このタイプは、いつまで経っても堅苦しい感じのままなのだ。しかも、やたら低姿勢でへりくだり、こっちのことを持ち上げたりする。

同期入社など対等な関係の場合でも、そういうタイプだと、過剰にていねいでへりくだるため、他の人たちが相手のときと違って、とても気疲れする。

こっちが何かで成果を出したときなど、

「すごいですね。○○さんは今や営業部のエースですね」

などと歯が浮くようなことを平気で言う。それに、ほめられるのは嬉しいものの、いつもは向こうの方が成績がいいのだ。そこで、

「何言ってるんですか。△△さんの方がいつもずっと成績がいいじゃないですか」

と言ってみても、

「そんなことありませんよ。私なんかまだまだ力不足で。○○さんを見習わないと、と気を引き締めてます」

などと、あくまでも低姿勢でへりくだる。ただの謙虚とはどこか違う、ただならぬ雰囲気が漂う。

こっちに聞きたいことがあっても、他の人と違ってざっくばらんに聞いてこない。

「ちょっと○○さんにご教示いただきたいことがあるんですが」

と、とても対等な間柄にはふさわしくない言葉づかいをする。

「なんですか？　私でわかることならいいんですけど……」

と、こちらもていねいな言い方をせざるを得ない。すると、

「いやあ、私なんかと違って、○○さんは博識だから」

といって、アドバイスを求めてくる。

謙遜もここまでいくと嫌味な感じだが、本人にはべつに攻撃的な雰囲気はないし、けっして嫌味を言っているわけではなさそうなのだ。

そうはいっても、こっちも気をつかうし、気軽に話すことができず、やっぱりつきあいづらい。それでかかわるのが面倒くさくなり、つい避けるようになってしまう。

他人の意見を聴こうとしない人

他人の意見をまったく聴こうとしない人物も、相手にしているといい加減面倒くさくなる。

他人と意見が対立すると、何が何でも自分の言い分を通さないと気が済まないといった感じになり、だんだん言うことが極端になってくる。

周りの人たちからすれば、「なんであんな極端なことを言うんだ」「今さら、そんなことできるわけないだろう」と思わざるを得ないのだが、人の意見を潰すために言うことがどんどん極端になってくる。

いくら議論をしても、他の人の意見に対して聴く耳をもたない。自分が正しいと信じ込んでおり、絶対に譲らない。自分の意見ばかりを強く主張し続ける。

仮に自分の考えが正しいと思ったとしても、人によって見方は違うものだし、もう少し他人の言うことにも耳を傾けてほしい。

だれもが自分の考え方が正しいと思って意見を言っている。自分の意見は間違っていると思って議論するような人はいない。それでも、人によって意見が違ってくるわけだから、意見の擦り合わせをしないことにはものごとは進まない。

この手の人物と議論しているとイライラしてきて、

「人の意見も聴きなさい」

「自分勝手もいい加減にしろ」

と怒鳴りつけたくなる衝動を堪えるのが苦しい。

本人だけが気づかない「面倒な人」

このような面倒くさい人は、職場にもいれば、プライベートな場にもいる。「ほんとに面倒くさいな」と思っても、相手はこちらの生活圏に棲息するわけだから、かかわらないわけにはいかない。

それにしても、なんでこんなに面倒くさいのか。

周囲の人間がこんなに面倒くさがっているのに、本人は平然としている。そもそも自分が面倒くさい人物になっているという自覚がない。周囲を苛つかせているということに気づかないのだ。だから困る。

接していても、とくに性格が悪いということもなく、悪意で言っているようには思えない。でも、我慢できないくらい面倒くさい。本人に悪気はなく、無自覚なものだから、よけいにタチが悪い。

このような人物の対処には、ほんとうに頭を悩まさざるを得ない。あまりに面倒なため、どうしても距離を置きがちになる。日常的にかかわらなければならない場合も、最低限のかかわりになっていく。

だが、ここでふと不安になる人もいるのではないか。

周囲から面倒くさがられ、距離を置かれている人には、悪気もなければ、自覚もない。自分が面倒くさい人物とみなされているということにまったく気づいていない。

ということは、もしかしたら自分も周囲の人たちにとって面倒くさい人物であるかもしれないのだ。その可能性も排除できない。

そう、あなた自身も、かかわる人に面倒くささを感じさせているかもしれないのである。

第2章

不穏な空気を生み出す "あの人"の正体

ここでは私たちの身のまわりでよく見かける面倒くさい人を典型的な10のタイプに分けて、それぞれの特徴を抽出してみたい。

思い込みが激しく、小さなことで大騒ぎする

タイプ① 過敏で傷つきやすい

ちょっとしたことですぐに大騒ぎする人がいる。

「なぜ、そんなことくらいでいちいち大騒ぎするんだ」と呆れるが、本人にとっては「そんなことくらい」というような軽いことではなく、ほんとうに大ごとなのだ。なぜかと言えば、感受性が違うからだ。

取引先の担当者との打ち合わせから戻ると、何だか元気がない。どうしたのか気になって声をかけると、先方の担当者の態度が冷たかったと気にしており、

「あの人は、私みたいなタイプはきっと嫌いなんです」

と弱気になっている。

「まだ初対面だし、お互いちょっとぎこちないかもしれないけど、そのうち雰囲気も変わっていくよ」と励ましても効果がなく、ついには、

「どうも自信がありません。ご迷惑をかけるといけないので、私を担当から外してください」とまで言い出す。

そこまで気にするほどのことではないのに、とにかく思い込みが激しい。

心の中にクッションをもたない人がいる

このタイプの特徴は、感情の浮き沈みがとても激しいことだ。

良いことがあれば気分が舞い上がり、嫌なことがあれば気分が沈む。それはごく自然な心の動きであり、だれでもそうなわけだが、そうした浮き沈みが極端に激しい。

ふつうは良いことがあっても嫌なことがあっても、心の中のクッションによって衝撃が和らげられるため、それほど極端な反応にならない。だが、このタイプは、心の中にクッションをもたないため、衝撃を和らげることができないのだ。

ゆえに、ちょっとした衝撃にも大きく反応し、感情的になる。

感情は感情を刺激する。自分の感情に溺れやすい人は、他人の感情をも刺激し、巻き込んでいく。感情の浮き沈みの激しい人と一緒にいて疲れるのは、向こうの感情の激しさにこちらの感情が揺さぶられるからだ。

その意味で、「思い込みが激しいだけだから」と軽く考えていると、とんでもない事件に発展しかねない。

たとえば、取引先の担当者から嫌われているに違いないというのが、単なる思い込みであっても、それによる反発心などの攻撃的感情があると、先方の感情を刺激し、ほんとうに険悪な雰囲気になっていくこともある。

トラブルがあっても「叱れない」部下

この種のトラブルは、社内の人間関係でしょっちゅう経験しているのではないか。

たとえば、お客様が多くて店員の手が足りず、みんないっぱいいっぱいなのに、仕事の手順を見ているとあまりに要領が悪いため、

「こんなに混雑してるんだし、もう少し手際よくやらないとね」

と軽く言っただけなのに、非難されたように感じたのか、自分が要領よく仕事をこなせないのが悲しく情けないのか、いきなり泣き出す。それでパワハラ疑惑が浮上してしまうことすらある。軽くハッパをかけたつもりなのに、パワハラと言われては堪《たま》らない。

べつにきつい言い方をしたわけではなく、今後に向けて注意すべきことをアドバイスしただけなのに、なぜかひどく責められたような気になったようで、ものすごく元気がなくなり、とうとう泣き出してしまい、「頼むから泣かないでくれよ、周りから誤解されるじゃないか」と、こっちの方が泣きたい気分になった。そんな声を聞くことも多くなった。

ちょっとしたアドバイスでさえ、こんな結果になる。ましてやミスを注意したりすると、思いがけない反応に戸惑わざるを得ない。

叱るととんでもないことになるとわかっていても、お客様に対して失礼があってはいけないし、どうしても注意しなければならないこともある。そこで、やんわりと注意するのだが、それでもひどく落ち込み、呆然とした感じになり、なかなか立ち直れない。その日はもう仕事にならない。翌日から体調不良を理由に数日休むこともある。

デート延期の対応でわかるレジリエンスの高さ

このタイプは、すでに学生時代から、小さなことにクヨクヨして大騒ぎするなど、神経過敏で傷つきやすい性格の本領を発揮しまくっていたはずだ。

たとえば、定期試験の時期になると、

「どうしよう、全然頭に入らない」

と大騒ぎ。試験が終わっても、

「もうダメ、全然できなかった」

と、これまた大騒ぎ。

つきあっている異性から連絡があり、デートの日の都合が悪くなり翌週にしてほしいと言われたりすると、

「飽きられちゃったかも」

「そういえば、この前のとき、今イチ会話がしっくり噛み合ってなかった気がするし」

などと大騒ぎ。

神経過敏ゆえにちょっとしたことで落ち込んだり傷ついたりしやすいとともに、自分の中で持ち堪《こた》える力が乏しいため、いちいちクヨクヨして大騒ぎすることになる。レジリエンスが低いのである。

レジリエンスとは、このところ教育界でも注目されている心の性質で、復元力と訳される。もともと物理学用語で弾力を意味するが、心理学では回復力、立ち直る力を意味する。困難な状況にあっても、心が折れずに適応していく力。一時的に落ち込むことがあっても、すぐにそこから回復し、立ち直る力。どんなに辛い状況でも、諦めずに頑張り続けられる力。それがレジリエンスである。

もともとレジリエンスの研究は、逆境に強い人と弱い人がいるが、その違いはどこにあるのかという疑問に端を発している。過酷な状況によるストレスで、一時的に症状を発したとしても、すぐに回復する人もいれば、いつまでも落ち込んだままで、なかなか日常生活を立て直すことができない人もいる。

レジリエンスが低いタイプが身近にいると、周囲の者としては呆れながらも励ましたり慰めたりと気をつかわなければならず、腫れ物に触るような感じになり、忙しくて余裕のないときなどは、さすがに鬱陶しくなる。

他人の成功や好意を素直に受け止められない

タイプ② 強烈な比較意識をもつ

何かにつけてやたら対抗心を燃やす人もいる。

自分の担当分の仕事が終わり、帰ろうとしたら、仲間がまだ必死になって作業しているのに気づく。1時間後に家族と待ち合わせがあるものの、まだ時間があったため、

「手伝おうか?」

と声をかけると、

「ありがとう、でも大丈夫。お疲れー」

と言うので、そのまま会社を出て、街で時間を潰した。

翌週、出社すると、親しい仲間から廊下に呼び出され、

「お前、先週末にあいつと何トラブったんだ?」

と言われるが、まったく心当たりはない。そこで、逆に事情を聞くと、

「残業をしていたら、『まだできないのか、手際が悪いな』とバカにしてきた」

と周囲に言い触らしていることがわかった。

親しい仲間は信じてくれたけど、ほとんどの人はこちらに真相の確認などしてこないため釈明する機会もない。非常に気分が悪くなった。親切心で声をかけたのに、裏切られたような気分だ。そのようにこぼす人がいる。

なぜこんなことになるかと言えば、声をかけられた側に、強烈な比較意識と対抗心があるからだ。

純粋に親切心から出た「手伝おうか？」という言葉も、そのような心をもっているとマウンティングと受け止められる。そこで、

「自分の仕事の手際の良さを誇示してきた」

「まだ終わらないのか、って、人のことを見下してきた」

「自分は手際よく仕事をこなしているって感じで、いい気になっている」

といった反応になる。

こっちにそんなつもりが微塵もなくても、向こうにとってはこれが心的現実なのである。私たちは「事実の世界」を生きているのでなく、事実をどう受け止めるかという「心の世界」＝「解釈された意味の世界」を生きている。だからややこしいのだ。

勝手にマウンティングされたかのように感じてしまう

このタイプは、仲間が何かでうまくいってもややこしいことになる。

同じ部署の仲間が手柄をあげればみんなで喜ぶのがふつうだ。もちろん羨ましい気持ちにもなるが、それでも仲間の成功を一緒になって喜び、祝福の言葉が口をついて出るものだ。

だが、このタイプは、素直に祝福することができない。羨ましさを通り越して妬ましい気持ちが頭をもたげる。そして、

「受注したっていっても、たかが○○万円程度でしょ」

と、その仲間の成功を貶めるような嫌味を言ったり、

「俺なんか、もっと大きな受注したけど、そのときは大変だったな」

などと、自分のことに話題を切り替え、必死に対抗するかのように自慢話をしたりする。

常に「勝ち―負けの図式」でものごとをとらえているのだ。そんな図式を心の中に抱えているため、人の成功を素直に祝福できなくなるのである。なぜなら、だれかが勝者になるということは、自分が敗者になることを意味するからだ。

仲間が500万円の案件を受注したことがわかると、

「どうだ、参ったか！ 500万だぞ！」

と、マウンティングされたような気分になる。向こうにはまったくそんな気持ちがなくても、本人が常に「勝ち―負けの図式」を強く意識しているため、勝手にマウンティングされたような気分になるのである。

そこで、ほぼ反射的にケチをつけるような言葉を吐いたり、

「こっちなんか、1000万円の案件をまとめたことだってあるんだぞ！」

とマウンティングをせずにいられなくなる。

人の成功を素直に祝福できない。敗北感のようなものを感じてしまう。そこで、失地回復のために、相手の成功の価値を貶めるような嫌味を言ったり、必死に対抗して自慢話をしたりすることになる。そうした言動は無意識のうちに行われるため、その見苦しさに本人は気

づいていない。だからブレーキがかからず、厄介なのだ。

会議は、雌雄《しゆう》を決する闘争の場

このようなタイプにとって、会議も雌雄を決する闘争の場となるため、意見を披露しないと気が済まない。必死になって自分の有能さをアピールするかのように、なんだかんだ意見を言いたがる。いちいち議論する必要ないだろうといった議題でも、意見を言って会議を長引かせるため、「そんなこと、どうでもいいじゃないか」と周囲はイライラする。

このタイプの人物の提案や発言に対して、ちょっと確認したいことがあって質問したりすると、べつに反対するつもりもケチをつけるつもりもないのに、ものすごく攻撃的な反論が返ってくる。

本人の中に激しい対抗心があるため、相手には何の意図もなくても、勝手に挑発されているように感じ取ってしまうのだ。そこにあるのが、「敵意帰属バイアス」という認知の歪みである。これについては、第3章で説明する。

いずれにしても、このタイプにとっては、「だれかの意見が通ること」は「自分が負けること」を意味し、「自分の反論が通らないこと」は「自分が敗北したこと」を意味するため、何が何でも勝たなければといった感じで攻撃的な議論になる。そこが周囲にとってはどうにも面倒くさいのだ。

このタイプは、仕事の成果ばかりでなく、あらゆることがらに対抗心を燃やすため、日常のかかわりでややこしいことになりがちだ。

たとえば、ちょっとした雑談の中で、社内で昇進の条件になっている資格試験の準備を頑張っていると話したら、

「あの子、私たちに差をつけたいらしいよ」

というような嫌な噂を流されているのを知って、うっかり刺激してしまったのを反省したという人もいる。

自分の中に変な対抗心がないと気づきにくいのだが、何気なく口にした言葉が、対抗心むき出しの心には強烈に突き刺さってしまうのである。

取引先との懇親会の場で、出身校について聞かれたから答えたら、先方が興味をもったよ

うでいろいろ話したのだが、後日、その場に一緒にいた同僚が、

「自分の学歴をひけらかして、先方が気分を害さないかハラハラした」

と言い触らしているのを知ったという人もいる。それは先方ではなく、その同僚自身の気持ちといってよい。

対抗心むき出しの心には、先方の質問に答えているだけでも、ひけらかしているように感じられるのだ。マウンティングされた気がするのである。

空気が読めず、場を凍らせる発言をする

タイプ③自己中心的で相手の心に関心がない

場の空気を凍らせるようなことを平気で言う人がいる。

部署に戻って来るなり、

「おい、知ってるか、今度40代の管理職の大幅なリストラがあるらしいぞ！」

などと大声で言い出す。

（お前、いきなり何言い出すんだよ！　ウチの課長も40代だよ、まったく……）

みんなが黙殺している理由がわからず、

「とくに実績を出してない40代の管理職を大胆にリストラするんだってよ」

などと、ダメ押しのように、ドキッとするようなことを口にする。

（おい、おい、いい加減にしてくれよ！　ウチの課長、実績出してないんだからさぁ……）

課長は何食わぬ顔をしているが、明らかに聞こえている。

みんな内心ハラハラしながら、「お願いだから黙ってくれ！」と心の中で叫んでいる。

このような、どうにも察しが悪くて困る人物がいるものだ。

「この人の前でその話題はまずいだろう」とだれもが思うようなことも平気で口にするため、ギョッとさせられたり、ハラハラさせられたりする。

自分が希望していた人事異動が実現したときなど、だれかれ構わず得意げに吹聴して回る。逆に望まない人事異動を示され落ち込んでいる人もいるはずなのに、そんなことにはお構いなしだ。

自分がノルマを達成して得意な気持ちのときなども、

「今回は楽勝だったなあ。景気が上向いてるし、だれだってうまくいくわな」

などと自慢げに言い、その場にノルマを達成できていない人物がいたらどうしようといった配慮などまったくない。

万一、そのような人物がその場にいて、周囲がハラハラして話題を変えようとしても、その気配を察知することなく、

「なあ、そう思わないか？」

としつこく話を続ける。

落ち込んでいる人の傷口に平気で塩を塗る

周囲の人たちを慌てさせるだけでなく、言われた当人をイラッとさせるということも、当然ながらしょっちゅう起こる。

険悪な間柄なわけではなく、ふつうに楽しく談笑しているときでも、いきなりきついことを言ったりする。それはもう慣れっこになっていても、ミスをして落ち込んでいるときにダメ押しみたいなことを言われたりすると、さすがにイラッとくる。

たとえば、顧客との約束をうっかり忘れ、苦情の電話があり、上司から叱られてシュンとしているとき、それを見て、

「何だか今日はおとなしいな。何かあったのか？」

と声をかける。それくらいならよいのだが、

「いや、何でもないよ」

と言っても、

「そうか、また何かヘマして落ち込んでるのかと思った。お前はヘマが多いからな」

などと言って高笑いする。

落ち込んでそうな様子を見て、周囲の人間がそっとしておいてやろうと思っていても、そんな配慮は一切ない。傷口に塩を塗るようなことを平気で口にする。デリカシーのかけらもない。

そのような察しの悪さが仕事面にまで絡んでくると、とんでもなく厄介なことになる。察するということが苦手なため、伝わるだろうと思っていたことが伝わっていなかったと

いうようなことが頻発する。

定期的に開いているある会合を今月はこの日に開催しようと思い、その旨を部下に伝え、部屋を押さえておくように頼んでおき、当日その部屋に向かうと、入り口周辺にメンバーたちがたむろしている。その中に、頼んでおいた部下がいたので、

「どうした？」

と声をかけると、

「鍵が開いてないんです」

と不審そうな表情で答える。

「君に頼んでおいたはずだが」

と言うと、

「えっ？　部屋を押さえるようにということだったから予約はしましたけど……」

ともぐもぐ言って慌てている。

たしかに部屋を押さえてくれと言ったわけで、鍵を借り出してくれとまでは言わなかった。

これまでの部下はそれだけで通じたのに、この人物には通じなかったことに唖然《あぜん》とする。

「じゃあ、だれが鍵を開けると思ったんだよ」

と心の中でつぶやく。

遠回しな言い方など一切通じない

その類の話もしばしば耳にするようになった。はっきり言わないと通じないのである。言ってみれば、察しが悪く、空気も行間も読めないため、すべてを言葉ではっきり伝えないコミュニケーションが苦手なのである。

察しの悪い人間も増えていることだし、できるだけ言葉ではっきり伝えよう。そんな動きもあるが、はっきり言うにも限度がある。すべてはっきり言葉で伝え、いちいち言葉で確認するとなると、とんでもない言葉数と手間がかかる。ある程度は察してもらうしかない。

そのため、察しの悪い人物とかかわると非常に厄介なことになる。

「このくらいはわざわざ言わなくてもわかるだろう」「はっきり確認しなくても、このくらいはわかってるだろう」というようなことがあるものだが、それが通用しないのだ。ふつうわかるだろうと思うことがわからない。

文化人類学者ホールは、意思の疎通を言葉に頼る文化と言葉に頼らない文化があることを指摘し、文脈度（コンテクスト度）という概念を提唱している。

文脈度の低い文化とは、人々の間に共通の文化的文脈がなく、言葉ではっきり言わないと通じ合えない文化のことである。欧米のような言葉ではっきり伝えるコミュニケーションは、文脈度が低い文化の特徴と言える。

一方、文脈度の高い文化とは、人々が共通の文化的文脈をもち、わざわざ言葉で言わなくても通じ合う文化のことである。日本のようなはっきり言葉に出さないコミュニケーションは、文脈度の高い文化の特徴ということになる。

遠回しな言い方、以心伝心、暗黙の了解、察し合いなどと言われる、言葉にしない思いまでをも汲み取ろうとする日本特有のコミュニケーションを可能にしているのが、共感性の高さである。

遠回しな言い方で断ろうとする。賛成できなくてもはっきりと反対しない。はっきり言わずに汲み取ってほしいと思う。相手の期待や要求を察して先回りして動く。これらは文脈度の低いコミュニケーションを用いる欧米人などにはまったく意味不明のはずだ。一方、私たち日本人にとってはごくふつうのことと言える。

文脈度の高いコミュニケーションに幼い頃から馴染んでいるせいで、私たち日本人の共感性は磨かれるのである。

「鈍感」は自分の欲求充足しか考えてないから

ただし、生活や文化の欧米化により、このところ文脈度の高いコミュニケーションにうまく適応できない若者も増えてきている。そこで、本人は言われた通りにきちんとやっているつもりなのだが、言外の意図が通じず、周囲をイラッとさせるということがしばしば起こる。

「みんなが言う常識っていうのが、私にはよくわからないんです」

「みんなが、それってちょっと違うよなあ、って言う、そのちょっと違うっていうのは、どう違うのか、そこがわからないんです」

などと学生から相談を受けることもあるが、このように察しが悪く、空気も行間も読めない人物にいちいち言葉で説明するのは至難の業である。

このような事例には、発達障害が絡んでいることもあるが、その場合は本人はいたって真剣だったりするため、周囲はイライラしながらも極力ていねいに対応するはずだ。

周囲をイラッとさせ、呆れさせるのは、他人に対する無関心が原因になっている自己チューな察しの悪さを中核にもつ人物の場合だ。

自分のことしか眼中になく、相手の様子に関心を向けたり、相手が何を求めているのか、どんな思いでいるかなどに想像力を働かせたりする心の習慣がないため、察しが悪く、空気も行間も読めないのである。

それには、自己中心の文化の影響が顕著にみられるが、それについては第3章で説明する。

すべての言動は自分の欲求充足を志向しており、相手の欲求充足などは眼中にない。ゆえに、言いたいことを言ってスッキリするだけ。相手がどんな気持ちになろうが、周囲がどんな反応を示そうが、まったく気にならない。どんなに呆れていても、どんなにうんざりしていても、お構いなしにしゃべり続ける。

そうした鈍感力は、周囲の人たちにとっては迷惑以外の何物でもなく、本人が鈍感で悪気がないだけに、どうにも面倒くさい相手なのである。

不必要な言い訳、「すみません」が多い

タイプ④ 自己防衛意識が異常に強い

自己防衛意識が異常に強く、不必要な言い訳が多かったり、保身的な姿勢が強い人物も面倒だ。

このタイプの部下がいると、何かにつけてイライラさせられる。

上司としては部署全体の仕事の状況を把握しておく必要があるため、声をかけて仕事の進行状況を尋ねると、

「すみません、急いでやりますから、もう少し時間をください」

と言う。

「いや、べつに急かしてるんじゃなくて、どんな状況か、教えてほしいんだ」

と言い直しても、

「すみません、顧客からの問い合わせで手こずっちゃって、ちょっと遅れてるんです」

と言い訳をするばかりで、進行状況を軽く確認するにも無駄に時間がかかってしまう。

仕事の段取りについてちょっとわからないことがあり、

「どういうことなのか教えてもらえる？」

と説明を求めたときも、

「いや、私はそれはやはりまずいと思ったんです。で、そう言ったんですけど、急いで進めるべきだっていう意見が強くて……」

などと、しどろもどろになる。こちらは非難するつもりはなく、事実を確認したいだけなのだが、言い訳ばかりで話がなかなか先に進まず、どうにもまどろっこしい。

仕事を振られるとまず渋るのはなぜ？

このタイプは、あからさまに「セルフ・ハンディキャッピング」をすることもある。

セルフ・ハンディキャッピングとは、印象操作の一種で、万一失敗したときに無能なヤツだと思われないように、あらかじめ自分にハンディを負わせることである。

たとえば、課題の難しさを印象づけるべく、困難と考えられる根拠を並べ立てる。

「諸々の情勢を考えると、非常に難しいとは思いますが、全力を尽くしてみます」

などと情勢的にハンディがあると印象づけておけば、全力を尽くした揚げ句に万一うまくいかなくても、無能とみなされる可能性は低い。元々無理を承知の上でチャレンジしたといったイメージを演出するのだ。


自分のコンディションの悪さを強調するやり方もある。


「このところちょっと集中力が落ちてる気がするんですけど、とにかく頑張ってみます」

などと自分にハンディを負わせておくことで、頑張ってもダメだったときの傷つきの軽減をはかるわけだ。


その他にもいろいろなやり方がある。


たとえば、大まかな期限を定めて仕事を振ると、

「はい、わかりました」

と言いながらも、

「じつは、今、急ぎの仕事があって、あの……顧客から依頼されてるヤツなんですけど、うるさい客なんで、そっちにちょっとエネルギーを注がなきゃいけなくて……」

などと忙しさをアピールする。

「じゃ、君は難しいかな」

と、他の人物に回そうとすると、

「いえ、その期限なら全然大丈夫です」

と言う。

「それならいちいち面倒なことを言うなよ」

と言いたくなる。万一仕事が雑になったときのために、自分にハンディをつけておくわけである。

体調不良を持ち出すこともある。

「この前まで体調を崩してて、もう大丈夫なんですけど、まだ本調子じゃなくて……」

などと体調不良を口にするため、別の人物に担当させようとすると、

「でも、もうほんとに大丈夫です。担当させてください」

と言う。

「だったら言うなよ、面倒くさいなあ」

と言いたくなるが、まだ本調子でないことをほのめかすことで、万一期待外れの結果に終わった場合のための保険をかけているのだ。

新規事業のリーダーに向かない失敗回避上司

いずれにしても、このタイプは失敗したときの傷つきを最小限にすべく、あの手この手で自分にハンディをつけるのである。

このタイプが上司であってもややこしい。責任の所在を異常に気にし、失敗を過度に怖れるため、ゴーサインがなかなか出ないので、やる気のある部下ほどイライラする。

自分の提案が会議でせっかく通りそうな雰囲気になったのに、

「でも、確実にうまくいくのか？」

などと言い出す。どんなことだって確実にうまくいくなんてあり得ない。何か不都合が生じたら自分が責任をもって対処するのでやらせてほしいと願い出ても、

「そうは言っても、何かあれば上司である私の責任が問われるからなあ」

などと保身的なことばかり口にする。

このタイプが上司だと、新たなアイデアはことごとく潰される。何も冒険をしなければ致命的な失敗をする怖れはないということで、無難な道を歩むことしか考えない。

結局、予防線を張りすぎる保身的な人物は、成功追求動機よりも失敗回避動機によって動いているのである。

成功追求動機とは成功を求める動機、失敗回避動機とは失敗を避けようという動機のことである。モチベーションというと成功追求動機をイメージするかもしれないが、主として成功追求動機で頑張っている人もいれば、主として失敗回避動機で頑張っている人もいる。

成功追求動機の強い人物は、失敗による傷つきよりも成功の素晴らしさを強く意識するため、失敗を怖れずに思い切りチャレンジできる。

一方、失敗回避動機の強い人物は、成功の素晴らしさよりも失敗による傷つきを強く意識するため、失敗を怖れてなかなかチャレンジできない。それにより、積極的な動きを期待する周囲の人物や、積極的に動きたい周囲の人物をイライラさせることになる。

万一の失敗に備えて不必要にセルフ・ハンディキャッピングを行うのもこのタイプだ。

失敗回避動機の強い人物は、成功追求動機の強い人物にとって、とくに面倒くさい存在になる。

独りよがりの正義感を振りかざす

タイプ⑤ 劣等感を隠しもつヒーロー

ネット時代になって目立つのが、独りよがりの正義感を振りかざす行為だ。

自分なりの正義感からみて、落ち度があると思われる出来事があると、「許せない！」といった感じで攻撃する。

たとえば、消防団員が消防車を店の駐車場に止め、制服のまま食事しているのを見つけると、

「勤務中に食事をするのはけしからん」

「消防車を私用に使うのは許されないことだ」

「これは市民の税金の無駄遣いだ」

などと非難する。

お米のイメージガール募集のチラシに、「色白でスタイルの良い方募集」といった表現を見つけると、

「女は色白でないといけないのか、差別だ」

「色白でない女性を見下している」

などと批判する。

うどんを食べる習慣を広めるために販売する予定だった「うどんかるた」の中に、「強いコシ　色白太目　まるで妻」という句を見つけると、

「妻をバカにしている」

としてクレームをつける。

どれも実際にあったクレームだ。いずれも自分なりの正義感に駆られた行動なのだろうが、あまりに一方的で、相手の立場に対する想像力が欠けている。

忙しい勤務の合間に制服を着替える暇もなく食事をとっていることに対する理解があってもよいだろう。米だから色白を求めただけで、べつに女性は色白でないといけないなどと言っていないし、別の商品だったら小麦色の肌をした女性を募集したかもしれない。ユーモア精

神で妻を引き合いに出したことに対して、「やあね」と笑う妻はたくさんいても、これで傷つく妻がどれほどいるだろうか。

口癖は「絶対」「あり得ない」

この種のクレームに多くの団体は非常に神経質になっているが、こうしたタイプが社内にいると、ほんとうに厄介なことになる。

会議でどんな提案が出ても、独りよがりの正義感を発揮し、「こういうクレームが予想されますし、ここは慎重になった方がいいんじゃないでしょうか」などと言い出す。そうなるとだれも強く反論しにくい。だが、これではアイデアの芽がつぎつぎに潰されてしまう。

このような独りよがりの正義感を振りかざすタイプの口癖に、「絶対」とか「あり得ない」といった言い回しがある。人の意見を聞いて、自分の考えと違うと思うと、

「それは絶対に違います」

「それは絶対におかしいです」

「そんなのあり得ません」

などと反論する。自分の視点を絶対視し、相手の考えを全否定するのだ。

ふつうは、自分と違う意見が出ると、

「それはちょっと違うんじゃないかな」

と思っても、

「そんな見方もあるんだな」

と、相手の視点にも想像力を働かせようとする。

だが、このタイプは、自分の視点から抜け出すことができないため、相手の視点に立った場合にどのように見えているかを想像することができないのである。それぞれに理屈があるといった視点に立てず、相手が間違っていると一方的に決めつける。

このタイプと議論になると、まったく聴く耳をもたないため、議論が噛み合わない。相手の理屈を理解しようといった姿勢がないため、意見が違うと、「絶対におかしい」「あり得ない」ということになり、ときに「許せない」と非常に攻撃的になることもある。

「自分は正義の味方」という自己陶酔

このタイプの心の中には、「自分は正義の味方だ」といった自己陶酔があったりする。

ソーシャル・ジャスティス・ウォリアー（ＳＪＷ）という言葉があるが、これは元々は進歩的な観点に立って社会を改革しようとして発言したり、運動を推進したりする人を指すものだった。だが、今では、異物を排除しようとするような保守的な人を指したりもする。

いずれにしてもＳＪＷの特徴は、社会や組織を良くしたいといった自分なりの正義感に基づいて、自分と価値観の合わない人物や組織、制度などを徹底的に攻撃するところにある。

本人は自分が絶対に正しいと思い込んでおり、正義の味方を気取っているが、冷静な第三者からしたら、偏見に凝り固まっているようにしか見えなかったりする。

あまりに強硬かつ攻撃的で、違う意見に対してまったく聞く耳をもたず、冷静さを失っているようにしか見えないからだ。

ちょっとでも「おかしい！」と思うことがあると黙っていられない。

「あの人のやり方はおかしい」

「あの制度はおかしい」

「この組織はおかしい」

などと糾弾が始まる。周囲の人たちは、その勢いに退き気味で、

「それはちょっと極端じゃないかな」

「そんなに目くじら立てるほどのことでもないんじゃないの」

などと取りなそうとするが、本人は自分の言い分こそが絶対に正しいと信じ込み、

「なんでみんなわからないんだ！」

「そんな事なかれ主義でいいのか！」

といきり立っている。それを見て、周囲の人たちは、

「そこまでムキになるほどのことじゃないだろうに」

「そんなに事を荒立てる必要はないのに」

と呆れるわけだが、本人は事なかれ主義で見過ごすのは間違っていると思っており、みんなが言いにくいこともはっきり主張する必要があると、使命感すら感じている。

ヒーロー気取りの背景に劣等感がある

おかしいことがあっても見て見ぬフリをする保身的な人が多いなかで、言うべきことをきちんと主張する自分は正義の味方であり「正義のヒーロー」なのだといった意識さえ抱いている。

そこに潜んでいるのがメサイア・コンプレックスだ。これは、「自分は救世主である」といった思いを無意識に抱えているかのように、必要以上に他人や社会あるいは組織を救いたがる心理を指す。救うと言えば響きはいいが、実際にはありがた迷惑な存在になりがちだ。

本人は正義感で動いているつもりなのだが、心の深層には劣等感と歪んだ優越感が複雑に絡み合い、うごめいている。だから極端になってしまうのだ。

自分が仕事で有能さを発揮していなかったり、周囲に溶け込めずに不適応感をもっていたりして、劣等感を無意識のうちに抱えており、それを振り払おうとするかのように、正義のヒーロー気取りで、標的とする人物や組織、制度を叩こうとするのである。落ち度のある標的を叩くことで、自分の価値を高めることができる。

無意識の衝動に突き動かされており、冷静な心の動きでないため、建設的な議論にならないのだ。ゆえに、いくら諭しても人の意見に耳を傾けようとせずに、自分勝手な理屈を振りかざすだけ。ほんとうに厄介な存在なのである。

どうでもいい手続きにこだわり、融通が利かない

タイプ⑥ 自分の判断力に自信がない

手続きや規則に必要以上にこだわる人物がいる。どうでもいいような細かな規則を持ち出し、仕事にストップをかける。まったく融通が利かないのだ。

このタイプが上司だと、職場の活気が失われる。

「チャレンジしやすい体制づくりが必要だ」

などと口では言いながら、いざとなると、

「決められた手続きを踏まないと」

「前例がないから、それは無理だろう」

などと足を引っ張るようなことばかり言う。

でも、本人に仕事を邪魔しているといった自覚はなく、きちんと管理するのが自分の役目だと思っている。

「コンプライアンス」が大好き

コンプライアンスなどという言葉が導入されてから、このようなタイプは自分に存在意義を見出し、活き活きとしてしまった感がある。

「コンプライアンスを軽くみてはダメだ」

などと言って、まったく意味のない細かな規則にこだわって仕事を止めたりする。

出張届けをうっかり出し忘れており、当日の朝思い出して、慌てて書類を書いて提出し、事後決裁になるけどこれから取引先に寄って一緒に視察に行ってきますと言うと、

「出張の決裁はまだ下りてないでしょ」

と言って許可が出ない。

どうせ形式的なもので、必ず決裁は下りるのだし、取引先に今さら日程変更を頼んだりで

きないし、何とか行かせてほしいと頼んでも、

「先方に社内の事情を伝えて、延期をお願いしてください」

と、あくまでも規則を最優先させる。届け出を忘れていたのも悪いが、この程度の臨機応変の対応くらいしてもよいだろうに、どうにも融通が利かない。そんな上司に苛立つ人もいる。

なぜ所定の用紙にそんなにこだわるの？

仕事上必要なものを購入するにも、いちいち書類を提出して決裁を待たされるためイライラするという声も多くの職場で上がっている。

たとえば、1時間後の会議で必要な文具類が急遽浮上し、立て替え払いで購入して間に合わせようとすると、

「立て替え払いは極力やめてください。所定の用紙で申請してください。急ぎの決裁を頼めば、今日の昼過ぎには決裁が下りるので、会議は午後に回したらどうですか」

などと、あくまでも規則を遵守させようとする。

どっちみち仕事で必要なものの購入だから通らないわけはないのだし、書類の決裁に会議を延期させるだけの価値があるとでもいうのだろうかと、その頭の悪さに辟易《へきえき》するという人もいる。面倒だからいつも私費で購入しているという人さえいる。

こちらの提案に対して取引先の感触が良く、まったく差し障りのない条件を提示され、受け入れてくると、

「手順を踏めと言ってるだろ。まずは会議でちゃんと説明して承認を得てからじゃないとダメだ。話を進めるのはそれからだ。先方には待ってもらえ」

などと言ってストップをかける。仕事の受注の邪魔をされているようにしか思えない。そんなことがしばしば起こるため、まじめに営業する気がなくなった、という人もいる。

規則にこだわる人ほど、成果が今イチな理由

何かにつけて規則を持ち出す人物に対して、「なんで個別の事情を考慮してくれないんだ」と不満に思うのは、状況を読みながら臨機応変に判断をする能力がある人である。

規則に必要以上にこだわる人物は、そういう能力が乏しい。臨機応変に適切な判断をする

自信がない。だから規則に頼るのだ。規則にこだわる人が能力的にあまりパッとしないのは、そのせいだ。

本人ははっきり意識していないことが多いが、心のどこかで自分の判断力に不安を感じている。自分が自由な状況に弱いのを知っている、ゆえに、臨機応変の判断が求められるような状況を極力避けようとする。

規則でがんじがらめになっていれば、臨機応変の判断をせずに済む。規則にしがみつくのは自己防衛のためなのである。

万一出遅れるようなことがあっても、規則に則って動いていれば責められる可能性は低い。「コンプライアンスを重視した」「規則に従ってものごとを進めた」と規則のせいにできる。

また、規則や手順にこだわるタイプは、概して論理能力が乏しい。

事情を論理的に説明できる人は、仮に規則違反になろうとも、それが倫理的問題を含まず、形式を踏むというだけの意味しかないのなら、規則にむやみに縛られることはない。論理能力が乏しく、人を説得する自信がないからこそ、何かにつけて規則を持ち出すのだ。

柔軟で論理力ある人にとっては「バカの壁」

さらに言えば、規則にこだわる人物にとくにイライラするのは、論理能力が高く、発想力・企画力のある人である。自分の頭で考えて動くタイプなだけに、なぜ「規則、規則」といって自分で考えて判断をしないのかがわからずイライラする。

だが、規則に必要以上にとらわれるタイプは、規則に従っていないと不安なのだ。規則に従って動いていれば、自分で考えて判断する必要がない。ひたすら規則に従う姿勢をとっていれば、自分の発想力や判断力の乏しさを隠すことができる。結局、自分の能力に自信がないのである。

このタイプは、自分で判断して機動力を発揮したいという、能力もモチベーションも高い人物にとって、「バカの壁」としか言いようのない面倒な存在なのである。

持ち上げられないとすねる

タイプ⑦ 自信がなく、甘えが強い

このところ目立つのが、ほめられないとやる気をなくすタイプだ。

逆境にもかかわらず必死の頑張りを見せたときや素晴らしい成果を出したときにほめられる。それがふつうだ。やるべきことをきちんとこなしているだけでほめられるようなことはない。

ところが、このタイプは、成育過程で親や教師にほめて育てられたせいで、たいしたことをしなくてもほめてもらえるものと思っている。何かにつけてほめ言葉を期待する。

現実は厳しく、その期待はたいてい裏切られるわけだが、そうするとすねたような態度を示し、やる気をなくす。

要するに甘えが強いのだ。

ほめられたがりの心がつくられる典型的なパターンは2つある。

ひとつは、子どもの頃、親から十分に関心を向けてもらえず、共感や受容がなかったため、自尊感情が健全に育っておらず、自信をもつために他者による賞賛を過剰に求めるようになる、というパターンである。

もうひとつは、子どもの頃、親が甘やかしてチヤホヤしすぎたため、自分は特別といった意識が異常に発達し、他者に対して過剰な賞賛を求めるようになる、というパターンである。

「ほめられて伸びる」を自称する若者の危機

近頃目立つのは、この後者に相当する若者である。なかには、

「ほめられて伸びるタイプなんです」

などといったセリフを恥ずかしげもなく自ら口にする者さえいる。周囲の上司や先輩は、

「そんな甘ちゃん、いらねえよ」

と言いたい気持ちをグッと堪え、にこやかな笑顔を向ける。このタイプはうっかり厳しいことを言うとパワハラだと大騒ぎする怖れもあるため、

（勘弁してくれよ。こんなヤツ、いったいどうやって育てたらいいいんだよ）

と、内心お手上げ状態になる。そして、「ほめ達（ほめる達人）」研修を受けたときのバカバカしさを思い出し、
（なんでこんなヤツのご機嫌を取らなきゃいけないんだよ、バカらしい、やってられねえよ）
とうんざりする。

社会に出れば、頑張っても成果につながらないことも多く、なかなかほめられるような成果を出せないものである。そんなときも腐らずに頑張り続け、成長していくしかない。ほめられない状況でも伸びないとやっていけない。

ほめられて伸びるタイプということは、厳しい時代には使えない人材だと言っているに等しい。だが、そのような部下や後輩が目の前にいる限りは、何とかおだてながら動かすしかない。

〝かまって上司〟ほどえこひいきが強い

このタイプが上司でもややこしい。何かにつけて持ち上げられないと機嫌が悪い。当たり前のことを言っても、腰巾着みたいな連中が、

「さすが課長、鋭いですね」

と持ち上げ、

(何を言ってるんだ、全然理解してないんだな)

と呆れざるを得ない発言に対しても、腰巾着が、

「それはとても重要なご指摘だと思います」

などと持ち上げる。それでご満悦の表情になる。

持ち上げられないとすねるわけだから、その裏返しとして持ち上げられるのに弱い。そのためえこひいきが酷いのだ。

上司が忙しそうにしていたため、ちょっと相談したいこともあったが遠慮し、自力で何とか報告書を仕上げて提出したら、どうも上司の態度が冷たい。ちょっとした雑談の折に、先輩にそのことを話したら、

「それは途中で課長に相談に行かないからだよ」

とアドバイスされ、目から鱗だったという人がいる。

「ほら、○○は課長のお気に入りだろ? なぜかわかるか? 課長がどんなに忙しくても、

遠慮なく相談に行くからだよ」

「えっ？　遠慮しない方が気に入られるんですか？」

「だれだって人から頼られれば嬉しいだろ？　とくにあの課長は、持ち上げられたがりだから、人から必要とされたいって気持ち、あなたがいないとダメなんですって思われたいっていうのが、人一倍強いんだよ」

そう言われると、相談に行くといつも嬉しそうな表情になるのを思い出し、先輩のアドバイスに納得したという。

「上司の心のケア」としてのホウレンソウ

このことが、私が「上司の心のケアとしてのホウレンソウ」というものを提唱し、推奨する理由である。

一般にホウレンソウというと、上司は部下一人ひとりの仕事の状況を把握しておく必要があるからホウレンソウが必要なのだというように、その実務的な意味が強調される。

だが、その心理学的な意味も無視できない。それが、上司の心のケアとしての意味である。

上司の心の中には、自分は部下から尊敬されているだろうか、部下がついていきたいと思う上司になれているだろうか、部下から軽く見られていないだろうか、といった不安がある。

そのため、部下から頼られると、必要とされていると実感でき、不安が和らぐ。ゆえに、上司にホウレンソウを欠かさないことは、上司の心のケアになるのだ。

とくに持ち上げられたがりは、ほんとうは自信がなく、心の中に大きな不安を抱えているために、頼られることがとても大きな心理的報酬になるのである。

ポイントを押さえれば扱いやすい面もあるものの、機嫌を損ねないようによけいな配慮をしなければならないところがほんとうに面倒くさい。

遠慮深く振るまうが、内心、忖度《そんたく》を期待している

タイプ⑧「謙虚な自分」を売り物にする

遠慮というのは一種の美学ではあるものの、それも行きすぎると面倒くさい。とくに、こちらが配慮することを期待しているのがみえみえなのに、あくまでも遠慮されると、

「もう、いいからさあ、ホンネでいこうよ」

と言いたくなる。

休日に行われる取引先のイベントにだれかが出席しなければならないことになり、

「その日、子どもを遊園地に連れて行く約束をしちゃってて……」

と言うから、

「いいよ、私は空いてるから」

と引き受けると、

「でも、せっかくの休日なのに、悪いなあ……子どもに言い聞かせて延期することもできるんだけど……」

などと言うから、

「ほんとにいいよ、大丈夫だから」

と言っても、

「ほんとにいいの？　でもねえ、悪いなあ……」

といつまでも煮え切らない。

（だったら最初から都合が悪いなんて言うなよ）

と言いたい気持ちを抑えて、

「大丈夫だから気にしないで」

と繰り返すしかない。

こっちに言ってほしいセリフがみえみえで、

（何なんだよ、この儀式は。いつもこうなんだから）

とイライラする。

「私なんか」という印象操作

あるプロジェクトの立ち上げが決まり、メンバーを推薦することになったとき、自分は興味があるということを遠慮がちに口にする。周囲がそれを汲み取って、それでは推薦しようという話になると、

「でも、私なんかじゃ、力不足だし……」

「もっと適任の人がいるだろうし……」

などとグダグダ言う。

図々しく見られたくないといった思いが強いのだ。だから、これでもか、これでもかといった感じに謙虚さを示そうとする。無意識のうちに印象操作をしようとしているのである。

（やりたいんじゃないのかよ、ほんと面倒くさいなあ）

と思いつつ、遠慮しなくていいんだよ、自信をもってといった感じで励ましてやるしかない。

これでもかと謙虚さを示す人間の本性

やたら自己卑下するタイプも面倒だ。

何かにつけて、

「自分はダメだ」

とこぼす。

「みんな仕事ができるからいいよね。私なんか、要領悪いから、ヘマしてばかりで……」

「いつもみんなの足を引っ張っちゃってるみたいで……」

「できる人が羨ましい。私、ほんとに不器用だから……」

とにかく自分の無能を嘆き、「できない」アピールに余念がない。

「できる」アピールならわかるが、なぜ「できない」アピールをするのだろうと不思議に思う人もいるかもしれない。それは励ましてほしいからだ。

「そんなことないよ」

と言ってほしいのだ。

この場合も、こっちに言ってほしいセリフがみえみえなだけに、

（ほんとにもう、いい加減にしてくれよ）

とうんざりしつつも、お決まりのセリフで否定し、励ましてやるしかない。

話が長くて、何が言いたいのかわからない

タイプ⑨ 取捨選択ができない

話していて、その要領を得ない話にイライラしてくる相手がいるものだ。

まずもって前置きが長い。

このタイプが相談や報告に来て、話を聞いていると、いったいどこまでが前置きで、どこからが本題なのかがわからず、イライラしてくる。そこで、

「要するにこういうことですか？」

と、その人物の言うことをこちらなりに要約すると、

「ええ、それがですね……こういうわけでして……で、じつは、こういうことがありまして……それに関してはですね……」

と、また長々とああでもない、こうでもないといった説明が続く。いくら意識を集中させても、要するに何を言いたいのかがまったく見えてこない。

とにかく話が細かい。それも不必要に細かすぎる。それで話が長くなる。本人は正確な説明をしようとていねいに話しているつもりでいる。だが、本人の意図するところとは裏腹に、話が細かすぎて、何を言いたいのかがわからない。

このタイプが話し出したら、要領を得ない話にしばらくつきあう覚悟をしなければならない。忙しいときなどは、このタイプとかかわるのはほんとうに面倒くさい。勘弁してくれと

いった気持ちになる。

会議でも、このタイプが話し出すと、

「ダメだ、こりゃ」

「しばらく続くな」

といった諦めの空気が会議室に漂い、内職を始める人も出てくる。まともに話を聴こうとしても疲れるだけだ。徒労に終わるのはわかっている。

話があちこちに飛ぶ。いろんな経緯を話すわけだが、なぜそれを今ここで話す必要があるのかわからないということが多い。知っていることは何でも言わないと気が済まないようなところがある。

話の要点を自分で絞る能力がない

なぜそうなるのかといえば、取捨選択ができないからだ。だからわかりやすく要約するということができない。木を見て森を見ないというのは、まさにこのタイプを形容する言葉と言える。

「このことを説明するには、これを持ち出せばわかりやすい。余分な話まで持ち出すと、かえって話が混乱するから、こっちの話は出さない方がいい」

「あまり関係ないことまで話すと、話の焦点がぼやけ、こっちの言いたいことが伝わりにくくなるから、ここはこの話に絞って説明する方がいい」

などと、ふつうはこちらの言いたいことを相手が理解しやすいように、枝葉末節を切り捨て、言いたいことに焦点を絞った説明をするものだ。

だが、このタイプは、枝葉末節を切り捨てるということができない。効果的な話の流れをつくるために、とくに必要な話題に絞って話すということができない。

そこで、知っていることを何でもかんでも話すことになる。取捨選択なしに、ものごとを順序立ててすべて話すことになる。そのため、聴く側は、いったい何を言いたいのかがわからず、

「要するに何を言いたいんだ！」

とイライラするのである。

肩書にしがみつき、定年後になお嫌われる

タイプ⑩ 過去の肩書だけが自分の支え

組織のしがらみがなくなれば面倒くさいこともなくなるものだが、定年後になお面倒くさい人がいる。

定年後の面倒くさい人の典型は、過去の肩書にしがみつくことで、自尊心を保とうとするタイプである。かつて管理職として権限をもち、それを自分の支えにしていた人物がとくに厄介だ。

昔の同級生の集まりでも、自分のかつての役職をちらつかせ、相手の役職より上だと思うと、偉そうな態度をとりたがる。かつての役職について持ち上げられると、じつに嬉しそうな表情になる。

このタイプは持ち上げられないと機嫌を損ね、その場の雰囲気が悪くなるため、だれも面と向かって文句は言わないものの、心の中では鬱陶しく思っている。

肩書など、組織内の人間、あるいは業者など利害関係者にしか通用しない。それ以外の人間関係においては、まったく無意味の記号にすぎない。そのことに気づかずにふんぞり返った態度をとるのは、滑稽きわまりない。

趣味の会に出ても、周囲になかなか溶け込まない。自分はそこらの連中とは違うといった意識があり、持ち上げられるのを当然とみなしているようなところがあり、雑用をしている人たちを見ても手伝おうとしない。

新参者なのに、雑用は自分がやるべきものではないと思っているかのような態度を通す。これでは溶け込むことを自分から拒否しているようなものだ。

町内会で嫌われるマウンティングおじさん

このタイプは、町内会やマンションの管理組合など地域の集まりの場でも、偉そうなもの言いをして、その場を仕切りたがるため、周囲から煙たがられる。周囲の人間は自分を尊重するはず、自分の意向は何でも通るはずと思っている。

それが通らないとふて腐れた態度をとったりして雰囲気を壊すため、仕方なく立ててやらねばならないので、いちいち面倒くさい。

　このタイプは、定年後に突然面倒くさい人になるわけではない。すでに現役時代からその片鱗は明らかに見てとれる。

　学生時代の友だちグループで集まっても、それぞれの役職や会社の知名度など、いわゆる社会的地位をやたら気にする。友だちづきあいでは社会的地位など関係ないはずなのに、相手が自分より社会的地位が下だとみなすとぞんざいな扱いをしたり、偉そうに説教したりする。自分より社会的地位が上だとみなすと、持ち上げるようなことを言う。

　このような人物は、人間の価値を肩書で判断している。当然、自分の肩書が誇りであり、自分の支えになっている。

「自分の価値＝肩書」として生きているため、肩書を脱ぎ捨てた「その人そのもの」の魅力はきわめて乏しいのがふつうだ。

対等なつきあいができない淋しい人生

　職務上の役割を生きているだけで、私生活も含めた人生そのものを楽しく生きているといった感じがない。人間関係も、職務上の役割関係ばかりで、役割を脱ぎ捨てた裸のつきあいができない。非常に淋しい人生を歩んできたわけである。

ゆえに、このタイプは退職により肩書を失ったときが人生の危機となる。それまでと違って、自分の意向に何でも従い、ご機嫌を取ってくれる部下も業者もいない。だれも自分のことを持ち上げてくれない。欲求不満によりイライラが募る。

そこで、何かにつけてかつての役職をちらつかせ、偉そうな態度をとろうとする。それによって人間的魅力をますます失っていく。

友だちづきあい、趣味の会のつきあい、近所づきあいなど、みんな対等だと思ってつきあっている人たちにとって、このタイプは扱いにくく、できることならかかわりたくない、じつに面倒くさい存在と言える。

第3章

面倒な人はなぜ面倒なのか

——背後に潜む心理メカニズム

逆ギレする人が抱える心の問題

注意するとすぐに反発する。こっちは責めているわけではなく、「ここはまずいから修正してほしい」と言っているだけなのに、まるで自分を全否定されたかのように、ムキになって言い訳をする。

それを聞いていると時間が無駄になるし、仕事が進まない。そうかといって言い訳を適当に遮って話を切り上げようとすると、不服そうな様子を示す。また陰で悪い噂を流されるかもしれないと思うと、憂鬱な気分になる。

いわれのないことで反発されたり、攻撃されたりするのは、何とも厄介なことである。そういった人物とかかわるのは、ほんとうに面倒くさい。

でも、どうしてそんなに攻撃的なのだろうか。

じつは、やたら攻撃的な人は、「認知の歪み」といった問題を抱えていることが多い。

ふつうの人はとくに反応しないような言葉や態度にも、いちいち感情的な反応を示し、攻撃的な態度をとったりする。なぜかと言えば、相手の言葉や態度に悪意を感じるからである。そこに認知の歪みがある。相手の言動の受け止め方が歪んでいるのだ。

心理学者クリックとドッジは、社会的情報処理モデルを提唱しているが、それによれば、相手の言動のような社会的情報の処理は、つぎの６つの段階を経て進行する。

①外的および内的手がかりの符号化　②手がかりの解釈　③目標の明確化
④反応の検討　⑤反応決定　⑥実行

たとえば、相手の言動やそれによって生じた自分の気持ちに着目し、相手の言動のもつ意味を解釈し、どんな対応をするかを考え、そのための具体的な反応の仕方を検討し、反応を決定し、それを実行に移す。

この中でとくに重要な意味をもつのが「手がかりの解釈」である。人の言葉や態度のもつ意味をどのように解釈するか、ということである。

同じようなことを言われても、「侮辱された」と解釈して怒り出す人もいれば、「ユーモアのあるからかい」と解釈して一緒になって笑う人もいる。

相手の言動をどのように解釈するかによって、その後の反応に大きな違いが出てくる。攻撃的な人に漂う敵意は、この解釈に起因する。

他の人なら聞き流すような他者の言動にも、いちいち感情的に反応する。なんでそこまでムキになるのだろう、そんなふうにひねくれた受け止め方をしなくてもいいのにと思う。そこにあるのが、何でも悪意に解釈する認知の歪みである。

そのせいで、こちらには何の悪意もないのに攻撃的な反応をされ、それは誤解だからちゃんと説明すればわかってもらえるはずと思ってもわかってもらえない。そして、目の前で反発されるばかりか、陰で悪い噂まで流される。

「バカにされた」と思うのは敵意帰属バイアス

このような認知の歪みを「敵意帰属バイアス」という。それは、他者の言動を敵意に帰属させる、つまり敵意をもっているからだとみなす認知傾向の歪みのことである。

相手から何か言われたとき、そこに勝手に敵意を感じ取り、

「こっちのことをバカにしてるんだ」

「自分のことを排除しようとしている」

などと悪く解釈する認知傾向である。それにより、「向こうは加害者、自分は被害者」といった図式が心の中にできあがる。

このような敵意帰属バイアスをもつ人は、相手の何気ない言葉や態度にも敵意を感じ取り、ときに親切心による言動にさえ勝手に敵意を感じ取り、自分に敵意を向けてくる相手への報復という意味で、相手に対して攻撃行動を示すことになる。

それは、敵意帰属バイアスについて検討した多くの研究によって、はっきりと証明されている。

人間関係を悪意で操作することを「関係性攻撃」という。

悪い噂を流したり、不信感を煽るように情報をわざと歪めて流したりといった関係性攻撃が目立つ人物の場合、自分自身が関係性攻撃の被害に遭っていて、それに対する報復だというような意識をもっていることが多い。

友だちの何気ない言葉や態度に敵意を感じ、「仲間外れにしようとしている」「こっちのことを嫌ってる」などと悪意に満ちた解釈をする。

要するに、被害感情をもちやすいのである。被害妄想といってもいい。その結果として、相手を攻撃する。

そうした敵意帰属バイアスというような認知の歪みの背後には、「基本的信頼感の欠如」や「見下され不安」が潜んでいると考えられる。

人を信頼する心理傾向をもつ人物は、人に対して好意的な態度をとるし、人の言動も好意的に解釈する。ときに、そのために騙されたりもしやすいが、人を疑うよりは信じたいという気持ちが強い。

一方、基本的に人のことを信頼していない人物は、人に対して常に警戒しており、人の言動にも裏があるのではないか、悪意があるのではないかと用心深くなる。それが高じると、相手には何の悪意もないのに敵意帰属バイアスが生じ、勝手に敵意を読み取り、反撃に出たりしてしまう。

また、自信がなく、「見下され不安」を抱える者は、「バカにされるのではないか」「軽く見られるのではないか」といった不安が強いため、人のちょっとした言動にも「バカにしている」「軽んじている」などと歪んだ解釈をしやすい。

そうした敵意帰属バイアスのせいで、自分に敵意を向ける相手（と本人は信じ込んでいる）

への報復として攻撃的行動に出ることになる。

心の中のモニターカメラが壊れている

第2章でも取り上げたが、人を傷つけること、不快にさせることを平気で言って、場の空気を凍らせる人がいる。

「それは言ったらダメだろう、ちょっと待ってよ」と周囲の人たちが慌て、何とか話題を変えて、その場の気まずさを取り繕おうとするのだが、当人は何事もなかったかのように平然としている。

こういうタイプがいると、周りの人間はハラハラさせられ、気が気でない。

何かと自慢話ばかりする人もいるが、お決まりの自慢話につきあわされるのは堪らない。周囲の人たちは、「また始まった」とうんざりしているのに、そんなことはお構いなしに「できるアピール」をしまくる。

それによって、かえって周囲からは「痛い人」とみなされているのに、当人は「できるアピール」がじつは「できないアピール」になってしまっていることにまったく気づかない。

そのような人たちは、「自己モニタリング」ができていないのだ。

心理学者スナイダーは、自分自身の感情表出行動や自己呈示（印象操作のこと）を観察しコントロールする性質には個人差があることを指摘し、そうした個人差を説明するものとして、自己モニタリングという概念を提起した。

スナイダーによれば、自己モニタリングとは、自分の感情表出行動や自己呈示を観察し調整することを指す。

わかりやすく言い換えると、自己モニタリングというのは、自分自身の言動に対する周囲の反応をモニターしながら、自分の言動が適切だったかどうかをチェックする心の機能を指す。

言ってみれば、自分自身の様子とそれに対する周囲の反応を心の中のモニターカメラに映し出しながらチェックするような感じだ。

自己モニタリングがうまく機能していれば、周囲の反応によって不適切な自分の言動に気づき、それを修正することができる。

人の気持ちを傷つけるようなことを言っても平気な人は、自己モニタリングがちゃんと機能していないことになる。

周囲の人がうんざりしているのに、ひとりで勝手なことをしゃべりまくる人も、自己モニタリングがきちんと機能していない。

どちらも心の中のモニターカメラが壊れているのだ。

相手の様子をモニターしながら自分の言動を調整するということができないため、相手をイライラさせたり、うんざりさせたり、傷つけたりする。周囲の人をハラハラさせたり、呆れさせたりする。

だからといって、べつに悪意があるわけではない。自分の言動の不適切さに気づかないため、修正がきかないのだ。

不満を抱え込むのは、甘えが強いから

はっきり言わずに、密かに不満を溜め込むタイプも相当に面倒くさい。

何だか不満げで、言いたいことがあるのを我慢しているような、うじうじした態度を見るにつけ、

「何か言いたいことがあるなら、はっきり言えよ」

「不満があるなら言ってほしい。言ってくれれば対処もできるけど、言ってくれないとこっちもどうしようもないじゃないか」

と文句を言いたくもなる。

いじめたわけでも無視したわけでもなく、こっちは何も悪いことはしていないのに、被害者意識をもっているような感じさえ漂う。

そういう人物は甘えが強すぎるのだ。

表面上は何の要求もない様子を装っているが、心の中では不満が渦巻いている。どんな不満か。それは、相手が期待に応えてくれないことによる不満だ。

はっきり言わなくても、こちらの意向を汲み取って、うまく取り計らってくれると期待している。だが、他人が、言葉に出さずにどんなことを思っているかなど、なかなかわかるものではない。

要望がとくにないというからそのままにしていたら、「うちの上司は部下が困っていても助けてくれない」といった噂を流されているのを知った、という人がいる。

「何か要望があったら言ってくださいと言ったとき、『べつにありません』って言ってたじゃないか」

と戸惑うわけだが、それは相手の言葉面しか気にしていないからだ。

「べつにありません」

と口では言っても、じつはちゃんと要望があったのだ。言わなくても、日頃の様子から汲み取ってほしいと思っている。そこが何ともややこしいし、面倒くさいところだ。

これは、まさに「甘えの心理」の問題である。それが強すぎることによる。あるいは、屈折した甘え欲求を相手に向けているとも言える。

相手は汲み取ってくれるはず、という甘え

甘え理論を提唱した精神分析学者の土居健郎は、甘えの心理的原型は乳児期に求められ、「甘えの心理は、人間存在に本来つきものの分離の事実を否定し、分離の痛みを止揚しようとすることであると定義することができる」（土居健郎『「甘え」の構造』弘文堂）という。

つまり、親と子といえどもけっして一心同体ではなく、切り離された別々の個体だという厳然とした事実を受け入れがたく、一体感の幻想にすがろうとする心理が、甘えの基礎になっているというわけだ。

そして土居は、乳房をくわえて放さないとか、それを咬むといった乳児の憤怒は、攻撃本能のあらわれには違いないが、単純な攻撃本能の発現ではなく、乳児が母親から拒絶されたと感じるために、その反応として攻撃本能が動員されるのだとする。つまり、乳児の憤怒は、依存欲求の不満に対する反応だというのである。

いわば甘えというのは、個と個が分離しているという冷たい現実を受け入れたくないという思いから心理的一体感を求めることである。

心理的に一体なのだから、わざわざ口に出して言わなくても、わかってくれて当然、と思っている。だが、そうした期待が空振りに終わると、「裏切られた思い」に駆られ攻撃的になるわけだ。

土居によれば、甘えたい気持ちがそのままに受け入れられないとき、「すねる」「ひがむ」「ひねくれる」「恨む」といった心理が生じ、そこに被害者意識が含まれる。

すなわち、素直に甘えさせてくれないから「すねる」わけだが、すねながら甘えていると も言える。その結果として、「ふてくされる」「やけくそになる」というようなことになる。自分が不当な扱いを受けたと曲解するとき「ひがむ」わけだが、それは自分の甘えの当てが外れたことによる。

甘えないで相手に背を向けるのが「ひねくれる」だが、それは自分の甘えの期待に応えてくれなかったと感じることによる。

甘えが拒絶されたということで相手に敵意を向けるのが「恨む」である。

このように甘えが思うように通じないとき、すねたりひがんだり恨んだりするわけだが、そこには被害感情がある。

「わざわざ言わなくてもきっとわかってくれる」「こっちのことを気にかけてくれているはず」と期待しているのに、そうした甘えの欲求が阻止されたときに、欲求不満による攻撃性が生じる。

甘えが拒絶されたことによって生じる怒り反応。

「なんで汲み取ってくれないんだ」

「わかってくれたっていいじゃない」

「わざわざ言わないとわからないなんて、酷すぎる」

といった反応が、甘え型の攻撃性の発露ということになる。

攻撃的な態度は甘えとは正反対のもののように思うかもしれないが、じつはそれらが同じ根っこから生じていることもあるのだ。

感受性の強さが裏目に出る、傷つきやすい人

ちょっとしたことですぐに傷つく人も、相手にするのがほんとうに難しい。

仕事上のミスが見つかり、注意すると、ものすごく落ち込んだ様子になる。

ふつうの部下なら、

「こんなミスをするようじゃ困るな。ちゃんとやってくれよ。頼むぞ」

と言えば済む話でも、このタイプが相手だと、まるでいじめているような錯覚に陥り、何とか元気づけねばという感じになり、

「大したミスじゃないから」

「同じミスを繰り返さないように気をつけてくれればいいからね」

「他の点ではまったく問題はないし」

などと、必死になって励ましの言葉を見つけなければならない。ゆえに、できることなら注意などしたくない。

それでも、仕事上どうしても注意する必要が生じることがある。だが、そういったタイプが相手だと、目の前でひどく落ち込まれるのも困るし、翌日から休むなどトラブルになるのも嫌だし、つい面倒くさくなり、後回しになってしまう。

これでは人材育成という点で大いにマイナスである。

なぜそんなに傷つきやすいのか。

それには神経が過敏すぎるという性格的特徴が強く絡んでいる。

性格研究で有名な心理学者アイゼンクも、内向的で神経症的傾向の強い人の特徴のひとつとして、傷つきやすさをあげている。

性格的に人の態度や言葉に対して非常に神経過敏なのだ。ちょっとした言動に一喜一憂したり、慣れない場面では大いに動揺したりと、他人の言動や状況に過敏に反応する。

敏感すぎるために、鈍感な人はもちろんのこと、多くの人が何とも思わないような言葉や態度にも動揺しやすく、感情的な反応を示す。感受性の豊かさが裏目に出るのだ。

とくに意図などなく、何気なく口にした言葉に対して、

「どういうつもりなんだろう?」

と気にしたり、

「自分は歓迎されてないのでは?」

「何だかイヤな感じだなあ」

と気に病んだり、深読みしすぎてしまう。

内向的な人が人づきあいに消極的な理由

人の言動に対して過敏に反応するばかりでなく、自分自身の言動の適切さに対しても過剰な意識が働いており、自分の言葉や態度に対する相手の反応にも非常に過敏になる。

相手の様子を窺いながら、

「感じ悪い態度をとってしまったのではないか」

「気分を害してしまったかも」

「傷つけてしまったのではないか」

などと神経質になり、必要以上に相手の気持ちを気づかう。

このように対人関係に神経を使いすぎるため、疲れてしまい、人づきあいに対して消極的になりやすい。

このようなタイプが厄介なのは、自分の感受性が異常に過敏すぎるということがわかっていないからだ。

たとえば、上司や先輩としては、仕事のやり方がまずい場合は注意し、改善してもらわないと困るのだが、「注意された」「叱られた」と思うことで大いに動揺し、「もうダメだ！」といった感じに落ち込み、仕事が手につかなくなる。翌日から休んでしまうこともある。

注意した側としては、責めているつもりはなく、ただやり方を改善してほしいだけなのだが、本人は大いに傷つき、落ち込み、なかなか立ち直れない。

神経過敏な本人にしてみれば、酷く叱られたかのような動揺を経験し、

「自分は何でこんなにダメなんだろう」

と落ち込み、ほんとうに心から傷ついているのである。

注意した側には何の落ち度もないのに、事情を知らない他部署の人たちからは、よほど酷いことを言ったのではないか、パワハラではないかと疑いの目を向けられる。


似たようなことは、プライベートな人間関係でもしばしば起こる。

たとえば、友だちや恋人がほんとうに切羽詰まった仕事に追われていて誘いを断ったのに、

「私は面白い話もできないし、きっと一緒にいても楽しくないから断ったんだ」

「きっと他の人と約束があるんだ」

などと曲解し、

「どうせ自分はつまらない人間だから」

などと思い込み、勝手に傷つく。

このような人物に対しては、うっかり傷つけても厄介なので、「こういう言い方なら大丈夫だろうか」「こんなふうに言うと、もしかしたら曲解されるかもしれない」などと言葉を慎重に選ばないといけないため、かかわるのがどうにも面倒なのである。

ママ友カーストはなぜ生まれるか

何かと嫌味を言う同僚がいて面倒くさいというのも、よくあることだ。

売上げ成績が良くて上司からほめられているのを見ると、「担当してる取引先がいいんだよな。あそこなら営業努力いらないもんな」などと、あからさまな嫌味を言う。陰で言われるのもややこしいが、面と向かって言われるのも反応に困る。

親しくつきあっている友だちから嫌味を言われることもよくあることだ。

社内で新たに立ち上げられたプロジェクトチームのメンバーに抜擢されると、わりと親しい別の部署の友だちが、

「お前はいつもつきあいがいいから、上から気に入られてていいな」

などと、いかにも能力と無関係な要因で選ばれたとでも言いたげな嫌味を口にする。「親しい関係なのに、なぜ？」と思ってしまうという人もいる。

このようなことは、プライベートでもよくあることだ。

しょっちゅう行動を共にしているママ友仲間の間で、

「若くてちょっとキレイだからっていい気になってる」

というような噂を流され、ママ友のライバル意識にはうんざりするという人もいる。

自分としては、若いことを自慢するようなことはまったくないし、むしろ年下だからかなり気をつかっている。町内の子ども会などの役割分担でも、「あなたは若いから大丈夫でしょ」などといって力仕事ばかり回ってきて、嫌がらせのように自分だけに重い物をもたせようとするけど、文句も言わずにちゃんとやっている。

公式な役割だけでなく、みんなでお茶をする際に車を出すように言われたりして、実質送り迎えをしてあげることもある。

それにもかかわらず、悪い噂を流される。これはまさに関係性攻撃である。いつも一緒に行動している仲間のはずなのに、なぜそんなことを言われるのか、納得いかないという。

噂を立てられるだけでなく、面と向かって嫌なことを言われることもある。

親しいつもりでいたママ友から、

「こっちのことバカにしてるんでしょ。大学出てるのを鼻にかけて、ほんとに嫌らしいんだから」

と言われ、そんなつもりはまったくなかったからビックリしたという人もいる。

「何よ、いつも高級な服ばかり着て、見せびらかしちゃって。旦那さんの稼ぎがいいのをそんなに自慢したいの」

と、心にもないことを言われ、ものすごく孤独な気持ちになったという人もいる。

こうした事例では、若い仲間やキレイな仲間、学歴の高い仲間や裕福な仲間に対する妬みが攻撃性を生んでいるとみることができる。

それにしても、「親しくつきあっている仲間なのに、なぜ?」と疑問に思うかもしれない。だが、身近だからこそ比較意識が働くのだ。そして、職場の同僚とかママ友のように同じような立場から比較対象として意識されるのである。

あまり縁のない人物ならまったく気にならないのだが、身近な人物だからこそ比較意識が働いて、「それに比べて、自分は……」といった思いが湧き、つい相手を引きずり降ろすような行動に出てしまうのである。

反映過程と比較過程

心理学者テッサーは、自己評価維持モデルというものを提唱している。

自己評価維持モデルは、人は自己評価を維持もしくは上昇させるような行動をとるというのを前提としている。そして、対人関係において自己評価の上昇と低下を導く2つの心理的過程として、反映過程と比較過程を対比させている。

反映過程とは、身近な人物の優れた属性や業績の栄光に浴して自己評価が上昇するといった心の動きを指す。素晴らしい人物と自分を同一視すること（重ねること）で自己評価を上げるというわけだ。

たとえば、友だちや知人がオリンピック代表選手として注目されていたり、ニュースキャスターとして活躍していたりすると、

「自分はあの人と親しいのだ」

と誇らしく思い、周囲の人にそのことを吹聴したくなる。それまではとくに親しいというような思いはなかったのに、やけに親しげな気持ちになる。それにより自己評価が高まる。

いわば、自己評価を高めるために、そのような活躍している友だちや知人との心理的距離を縮めるのである。

有名になった途端に、つきあいのなかった親戚や元同級生から連絡が来るようになるという話がよくあるが、それはこの反映過程によって自己評価を上げようという心理が働くことによる。

「人は見た目じゃない」と強調する人ほど実はモテたい

一方、比較過程とは、身近な人物の優れた属性や業績との比較により自己評価が低下したり、反対に身近な人物の劣った属性や業績との比較により自己評価が上昇するといった心の動きを指す。ここでは、相手が優れている場合について考えてみる。

たとえば、友だちや知人が社会人野球で活躍していたり、会社で順調に出世していたりすると、

「あいつは活躍しているのに、自分は何やってるんだろう」

「羨ましいなあ、それに比べて自分は……」

と落ち込み、自己評価が低下する。

反映過程と比較過程、どちらの心理過程が動き出すかは、そのときに問題になっている属性や業績への本人の関与度（重要視し、関心をもつ程度）によって決まってくる。

自分にとって重要な意味をもつ属性や業績が問題となる場合は、比較過程が活性化されやすい。

その場合、友だちや知人の優れた属性や業績によって自己評価が低下するため、関与度を低めたり、心理的距離を遠ざけたりする心の動きが生じる。

たとえば、異性にモテたいという思いが強い人は、容姿容貌は強い関心をもつ要素であるため、身近な相手が美人だったり、カッコ良かったりすると、比較過程が働き、

「羨ましいなあ、それに比べて自分はみじめだ」

と自己評価が低下する。

そのダメージを最小限に抑えるために、「人は見かけじゃない」と容姿容貌の重要性を低めたり、その人物に冷たい態度をとって心理的距離を置こうとしたりする。心理的距離が遠くなれば、比較過程は喚起されにくくなり、自己評価をあまり低下させないで済むからだ。

「あの人は、ちょっとモテるからっていい気になってる」

などと悪口を言い触らしたりするのも、自己評価を低下させた人物に対して鬱憤晴らしをしつつ心理的距離を遠ざける試みと言える。

有名人の友だち自慢をする人の反映過程

一方、自分にとってたいして重要でない属性や業績が問題となる場合は、反映過程が活性化されやすい。

この場合、友だちや知人の優れた属性や業績によって自己評価が上昇するため、関与度をさらに高めたり、心理的距離をさらに縮めたりする心の動きが生じる。

たとえば、プロ野球選手になりたいという希望をもっている人にとって、友だちが野球の全国大会に出場することは、

「すごいなあ、それに比べて自分は全然芽が出ない」

というように比較過程が動きだし、自己評価の低下につながる。

しかし、研究職に就きたいという人にとっては、スポーツは自分にとって重要な意味をも

たないため、反映過程が動きだし、

「あの選手は友だちなんだよ」

と周囲の人たちに自慢げに言い、周囲からも、

「ほんと？　すごいね」

と言われたりして、まんざらでもない気分になり、自己評価を上昇させる。

友人選択さえも、自己評価の維持に有利なように行われていることがわかっている。

つまり、自分にとって重要な領域では自分より劣り、あまり重要でない領域では自分より優れた友人を選ぶ傾向がみられる。このことは、比較過程および反映過程による自己評価の維持・高揚に都合の良い友人選択が行われていることの証拠と言える。

このように比較意識というのはじつに厄介なものなのである。

努力嫌いほど「ずるいよね」を口にする

とくに面倒くさいのは、努力するのが嫌いなタイプだ。そのようなタイプは、比較意識が働いたとき、発憤して頑張ろうとするより、相手を攻撃して引きずり降ろそうとする。

身近な人物に関して、何かにつけて、

「ずるいよね」

という言葉を口にする人がいる。

そのような「ずるい」と思う感受性は、まさに身近な人物に対する比較意識によって生まれる。

たとえば、だれかが宝くじで１００万円当たったとして、それが見ず知らずの人物であれば、比較意識は働かないため、とくに何も感情は生じない。だが、当たったのが職場の同僚だったり、身近な友だちだったりすると、比較意識が働き、

「なんであの子が１００万円も当たるの？　私なんか数千円しか当たったことないのに、ずるい！」

などと思う人が出てくる。

宝くじみたいな偶然の所産に対してさえ、うまくいった人を「ずるい」と思ってしまうのである。ましてやもっと人為的な要素の入る仕事や恋愛などでは、うまくいった人物に対して「ずるい」といった気持ちを抱きやすい。

たとえば、仕事で成果を出して上役からほめられた同僚がいると、力をつける努力をしていない自分を棚上げして、「ずるい！」と批判的になる。とくに面倒くさいのは、向上心の乏しいタイプだ。

向上心が強く、力をつけるべく努力しようとするタイプは、成果を出す同僚に刺激されて、自分も頑張ろうとする。「ずるい！」などといった感受性はなく、羨みながらも、

「自分も負けてはいられない」

と発憤する。

一方、努力が苦手なタイプは、向こうは努力しているということには目を向けずに、「ずるい！」といった反応をする。そして、いろいろ粗探しをしてケチをつける。

そのような反応をするのは、冷静な頭で考えれば、じつにみっともないのだが、人間はたえず理性的に生きているわけではない。感情に流されることも多い。

そこで、つい自分の実力不足や努力不足を棚に上げて「ずるい！」と攻撃的な気持ちを抱き、うまくいっている人物をこき下ろすことになる。

だが、本人は自分が嫌らしいことをしているといった自覚はなく、本気で「ずるい！」と

思っている。相手はしっかり成果を出していて、自分は成果を出していないという事実を棚上げするのは、周囲からすれば滑稽なのだが、本人の頭の中にそのような事実は存在しない。

そこに働いているのが、だれもが抱えているポジティブ・イリュージョンだ。ポジティブ・イリュージョンとは、自分の能力や業績を過大評価する、だれもが無意識のうちに抱えている認知の歪みのことである。

自分の能力や業績を過大評価することにより、「ずるい！」という思いが湧き、攻撃的言動をついとってしまうのである。

これほどまでに私たちのもつ比較意識というものはややこしいのだ。とくに比較意識が強い人物は、比較意識を刺激しないように気をつかわなければならないので、どうにも面倒くさい。

雑用を押しつけるタイプは、自己愛が強い

無理を承知でごり押しする人や、特別扱いしてもらえるのが当然と思っているような人にも手を焼くが、そのようなタイプは自己愛が過剰に強い。自分は特別という思いが強いので

ある。

ごり押しというほど強引なタイプでなくても、自己愛が過剰に強く面倒くさいタイプもある。

たとえば、とくに実績をあげているわけでもなく、周囲から見てとくに有能とも思えないのに、つねに賞賛を期待している。他の人も同じくらい、あるいはそれ以上に成果を出しているのに、「やりました！」と得意げに報告してきて、当然ほめてもらえるだろうと期待しているような視線を向けてくる。

周囲の人が、「よくやったな」「うまくいったな」というように反応すれば満足げな表情でつぎの仕事に取りかかるのだが、「じゃ、つぎはこれを頼む」と賞賛せずにつぎの仕事を振ると、不服そうな表情になり、すねた感じになり、仕事も雑になる。いちいちほめてもらわないとやる気になれない。

このようなタイプは、とりあえずほめてやればいいので、度を超さなければ適当にあしらうことができる。

だれだってほめられれば嬉しいし、やる気も湧いてくる。ある意味では、だれにとっても自分は特別な存在なのだから、この程度の自己愛は、多かれ少なかれだれにも見られるものといえる。

だが、自分は特別という意識がもっとひねくれた形であらわれると、ちょっとややこしいことになる。

たとえば、すぐに雑用から逃げたがり、評価につながらない作業は人に押しつけるといったタイプだ。評価につながりにくい下働き的な仕事が回ってくると、周囲の仲間に、

「悪いけど、急ぎでやらないといけないことがあるから、これをやっておいてくれない?」

と押しつけて逃げる。

評価につながらず自分が物足りなく思う仕事を人に押しつけて平気なのは、周囲の連中と自分は違うのだといった、ある種の特権意識があるからだ。

人に雑用を押しつけて何をしているのかと思えば、資料室に行って業界誌に目を通したり、自己啓発本を読んだりしている。とくに急ぎの仕事をしているわけではない。

自分は雑用をするような人間ではない、もっとクリエイティブな仕事や全社的な課題にかかわる重要な仕事を任されるべき人間だとでも思っているかのような態度なのだ。

このタイプが食いつきたくなるような重要な仕事を他のメンバーに任せると、「なぜ自分じゃないのだ」と言わんばかりのふてくされた態度をとる。上司や任された人物に嫌味を言うことさえある。

そのたびに気まずい雰囲気になるので、ほんとうに面倒くさい。

突然キレるのは、不安だから?

そうした自己愛強すぎの人物について、周囲の人たちは、

「あの人は、プライドが高いから厄介だ」

と言ったりする。

だが、プライドが「誇り」とか「自尊心」を意味するとしたら、そうした見方は間違いだ。ほんとうのところ自信がなくて、不安でいっぱいなのだ。誇りがもてない、自尊心が保てない。だから周囲の人たちに持ち上げてもらわないと、惨めな気持ちになって、自分が崩れてしまう。

賞賛されたり、特別扱いされたりすることで、少しでも誇りをもてるようになりたいとい

う心理メカニズムが働いているのだ。

ほんとうに自信があり、誇りをもっていたら、賞賛や特別扱いのようなサポートを必要としない。そんなものがなくても安定した気分でいられる。

重要な役割に自分が選ばれないときなどに攻撃的な反応を示すのも、自信のなさのあらわれといえる。

自信があり、誇りをもっている人なら、期待外れな処遇を受けてガッカリすることはあっても、見苦しい姿を見せるようなことはない。

感情的な反応を示したら見苦しいというのは、だれにもわかることだ。それにもかかわらず思わず感情的な反応を示してしまうのは、「バカにするな」といった気持ちが強いからだ。

そういう気持ちが強いのは、「バカにされるのではないか」という強烈な「見下され不安」を潜在意識の中に抱えているからに他ならない。そのせいで自己モニタリングが機能しなくなっている。

自己愛過剰な人物は、尊大なほどに自信たっぷりの態度を示すかと思えば、虚勢を張ったり、尊重されないとすねたりキレたりして不安定さを見せるので、どうにも面倒くさい。

その揺れ動く不安定さこそが、じつは自己愛過剰な人の特徴なのである。

自己愛過剰な人は、非現実的なほどに高い自己評価をもつ。それは、現実離れしているわけだから、いわば根拠のない自信である。

わざわざ偉そうに振る舞ったり、自慢げに話したり、持ち上げられないとすねたりキレたりするのも、表面上は自信ありげに見せていても、心の底には自信のなさが潜んでいるからである。

人と腹を割ったつきあいができず、格好をつけてホンネを隠したり、人を操作的に扱おうとしたりするのも、自信のなさを見透かされないためと言える。

必要以上におどおどする人の正体

落ち込みやすく、失敗を過度に怖れる人物も、ちょっとしたミスにすぐに落ち込むため慰めたり励ましたりしないといけないし、何をするにも自信がなく躊躇するためいちいち勇気づけて後押しするような声がけをしてやらないといけないので、ほんとうに面倒くさい。

じつは、このように自信がなく不安が強い人物は、前項で取り上げた自己愛が強すぎるタイプの一変種と言える。

自己愛過剰な人というのは、尊大で自信たっぷりな人に限らない。けっして偉そうにしないし、むしろ控えめで、どちらかと言えば自信がなさそうに見えるのだが、自分のことで頭がいっぱいといったタイプがいる。

自分のことしか頭にない、人のことを配慮する気持ちの余裕がないという意味で、自己愛が過剰なのである。

従来、自己愛過剰な人というと尊大で自分を押し出すタイプばかりがクローズアップされていたが、人から認めてもらえないのではないかといった不安が強く引っ込み思案なタイプもあるということが共通理解になりつつある。

どちらもほんとうのところ自信がないという点は共通なのだが、自己愛の歪みのあらわれ方が対照的なのである。

自己愛過剰な人々にみられがちな自己愛のあらわれ方の特徴については、心理学や精神医学の世界でさまざまな研究や議論が行われ、自己愛のもつ二面性が指摘されるようになった。

つまり、自己愛の過剰には、人に対して無神経で傲慢で、自分のことをひけらかし、注目されたい気持ちが強く、あからさまに賞賛を求める、自信過剰で誇大的な側面と、人に対しておどおどして遠慮気味で、自信がなく無力感に苛《さいな》まれ、人からの評価にビクビクし、引っ込み思案で神経過敏な側面がある。

この2つの側面は、ひとりの人物の中に共存している。

自信過剰で誇大的に見える人物も、心の中に自信のなさや人からの評価への不安を抱えている。だから、虚勢を張って自分を大きく見せようとしたり、軽んじられたと思うと激しい怒りを示したりするのである。

引っ込み思案で神経過敏な人物も、心の中に根拠のない自信を抱えており、人からの評価によってそれが否定されるのではないかと怖れるため、人からの評価にビクビクし、引っ込み思案になるのである。

この2つの側面のどちらがより強いかによって、自己愛過剰のあらわれ方が違ってくる。一方は尊大で自分の要求をごり押しする無神経で強引なタイプであり、他方は不安が強く自信がない引っ込み思案で神経過敏なタイプである。

権力欲で動く人は平気で責任逃れができる

理不尽な要求をしたり、利己的な行動をとったりする身勝手な人物も面倒だ。無理なことをごり押ししてくる。人の手柄を平気で横取りする。いざというときの責任逃れのために、はっきり指示せずに忖度で動かそうとする。まずいことが起こると、「自分は知らなかった」などととぼけて、責任を人になすりつける。打算で人に近づいたり、人を切り捨てたりする。

自己愛過剰の病理と重なる部分もあるが、このような人物には権力欲が強いタイプが多い。

このタイプの行動パターンは、価値観を考慮に入れると理解しやすい。

個人のもつ価値観を知れば、その人のとる行動の意味を読み解くことができる。そして、価値観の合わない相手が面倒くさい人物ということになる。

「なぜこんな強引なことができるんだ？」

「あんな自分勝手な行動をとって、なぜ平気なんだ。恥ずかしくないのか？」

「あからさまな責任逃れをして、みっともないと思わないのか？」

「人脈、人脈って言って、打算で人間関係を取り結ぶなんて、淋しい人生だと思わないのだろうか？」

そんな疑問が湧いてくる人は、価値観が違うのだ。価値観が違えば、お互いに相手の行動が理解できない。納得がいかない。

面倒くさい人を読む5つのタイプ分類

教育学者であり心理学者でもあるシュプランガーは、人生を構成する主要な価値を6つ抽出し、その中のどれをとくに重視するかによって、人間を6つのタイプに分ける、価値観による人間の類型を提唱している。

それが、理論型、政治型、社会型、審美型、経済型、宗教型の6つに分ける類型論である。

ただし、この中の宗教型は、現在の日本における自己形成やキャリア形成の実践にあまり馴染まないところがあるので、ここではこれを除いた5つの類型を私なりにかみくだいて紹介することにしたい。

① 理論型　理屈に合わないことは納得できない

真理の探究、ものごとの道理を知るといった抽象的な課題に惹かれるタイプで、論理的な整合性に価値を置く。つまり、理屈に合うかどうかが大事で、理屈に合わないことは納得できない。

このタイプは、ものごとを理解したい、論理的に理解したいといった欲求を強くもっている。ビジネスも人間関係も論理的に納得のいくように進めることを好むため、理屈に合わないことを嫌う。

このタイプにとって、理屈が通らない人は腹立たしい存在になる。理屈で納得できない仕事をやらされることに対しては、強い苦痛を感じる。

しかし、人間は理屈のみで動くわけではない。人間には理屈よりも感情で動く面がある。たとえば、正しいか正しくないかといった理屈でなく、好意や同情といった正の感情で動くこともあれば、悔しさとか嫉妬といった負の感情で動くこともある。

そのあたりに疎いこのタイプは、社会型のように相手の気持ちに配慮することができないため気持ちの交流がうまくいかない上に、経済型や政治型のように駆け引きをして交渉力を発揮することもできないため、人間関係に不器用なところがある。

その結果、融通の利かない堅苦しい人物とみなされたり、人間味のない冷徹な人物とみなされたり、遊び心の乏しい面白味のない人物とみなされたりして、敬遠されかねない。また、策略に長けた人物に容易に騙されたり、いいように利用されたりしかねない。

② 政治型　「支配―被支配」で人を見る

世の中のあらゆることがらを「支配―被支配」の構図でとらえようとするタイプで、権力の獲得に価値を置く。つまり、権力欲が強く、自分の力を実感したいのである。

このタイプは、人を動かしたい、組織を動かしたいという欲求を強くもっている。自分の思うように人や組織を動かすのが快感であり、その手応えが堪らないのだ。

人や組織を動かすためには、権力を獲得しなければならない。そのためには人との競争に勝たなければならないので、このタイプは競争心が強く、周囲の人たちをライバルとみなし、有能な相手には闘争心を燃やすことになる。権力の追求があらゆる行動を貫く原理として機能しており、人生を闘争の場とみなし、常に勝利者であることをめざす。

このタイプにとって、自分よりも権力をもつ人物は、闘うべきライバルであると同時に、利用すべき相手だったりする。ゆえに、非常に打算的なところがあり、相手との力関係によってかかわり方を変えたり、利用価値がある人間関係を取り結ぼうとしたりする。

反対に、権力をもたない人物、利用価値のない人物とのつきあいに時間や労力をかけるのは無駄として軽んじる傾向がある。

そうした打算的なところがあるため、利害で結びつく人間関係に囲まれ、ある意味でとても淋しい世界に生きているとも言える。

権力関係で自分より上にいる人物からの命令や要求に対しては、納得できなくても従わなければならない。だが、いやいや従わさせられる側の心の中には、やりきれない思いが残るものである。そうした人間心理を配慮せず強引に権力を行使する場合は、思わぬしっぺ返しを食らうことにもなりかねない。

③　社会型　友愛に価値を置き、面倒見が良い

他人に対する関心が強く、人と助け合ったり、気持ちの交流をもったりすることに喜びを

感じるタイプで、友愛に価値を置く。

このタイプは、友情や愛情を大切にして人と共に生きたいという欲求を強くもっており、人に対する温かい心遣いが、あらゆる行動を貫いている。周囲の人たちに対する関心が強く、共感性が豊かで、何も見返りがなくても人のために動くことができる。

このタイプにとっては、人とのかかわりそのものが重要な意味をもつ。人間関係を目的達成のための手段として利用しがちな政治型や経済型とは対照的に、利害を超えた交わり、信頼関係に基づいたつきあいを大切にする。

ゆえに、人を利用価値で判断し、人脈づくりに余念のない政治型や経済型には強い反発を示す。

自分だけのことを考えるのではなく、相手のことを考え、人と共に生きるという開かれた姿勢は、自己チューの心理傾向が強い時代にあって、とても貴重なものと言える。

ただし、理論型のようにものごとを論理的に整理したり、審美型のように冷静に相手を観察したりする姿勢が乏しいため、人のことを放っておけずに、感情の渦に飲み込まれて、ついついドロドロした人間関係に振り回されがちである。

面倒見の良さは、人と一緒にいないと落ち着かないといった孤独に弱い性質と結びついている面もあり、また面倒見の良さがときにお節介になり、相手から鬱陶しく思われることにもなりかねない。

④ 審美型　自分のスタイルを保つことが大事

美しいことに何よりも強い関心があるタイプで、美的体験や美の体現に価値を置く。

このタイプは、美しさというものを飽くことなく追求し、自らも美を体現したい、つまり美しく生きたいという思いを強くもっている。

そのため、世俗にまみれて私利私欲のために醜い姿をさらすことを非常に嫌い、金銭欲や出世欲のうごめく世間を冷たく突き放して、一歩退いてクールに構えているようなところがある。

頭で考えるよりも感覚で生きているようなところがあり、生活の快適さを求めるため、他人から見て無駄遣いと思えるような身分不相応に贅沢な金の使い方をすることがあったりもする。

実利的なことは気にせずに、趣味人として生きるのがこのタイプの特徴でもあり、人生を楽しむことへのこだわりがある。趣味人としては自由の確保が大切なので、人間関係に振り回されたり、組織に縛られたりすることを嫌うため、組織には溶け込みにくい。

周囲の人たちをちょっと突き放した態度で観察しているようなところがあり、現実の煩わしいトラブルやドロドロした人間関係に巻き込まれるのを極力避けようとする姿勢が、ときに冷たさや他人に対する無関心につながりやすい。

⑤ 経済型 役に立つか立たないかに重きを置く

現実的な利益や有用性を重んじるタイプで、経済性や実用性に価値を置く。

このタイプは、何をするにも、それが何の役に立つかを第一に重視する。

ゆえに、何かを学ぶにも、理論型のように理解することそのものに価値を置き、理解することで満足するというのではなく、それを学ぶことで現実生活に何らかの利益がもたらされないと意味を感じられない。そのため実学志向が非常に強い。

このタイプは、何の役にも立たないことには価値を感じず、したがってお金も労力も使わない。ものごとのとらえ方が極めて実利的かつ現実的であるため、何ごとも損得勘定で判断することになる。

このような無駄な労力を使わないという姿勢が世界を狭めている面がある。たとえば、仕事や蓄財に役立つ実用書は読んで学んでも、何の役にも立たない小説やエッセイは読まないし、純粋に科学的なことや芸術的なことを学ぼうとも思わない。そのように有用性に徹しすぎると、遊び心の乏しい、つまらない人間になりかねない。

政治型とともに打算的な行動に出ることが多いところが、純粋に合理的な行動をとろうとする理論型、人のためになる行動をとろうとする社会型、見苦しさを嫌う審美型などの反発を招くことにもなりがちである。

このような価値観による人間の類型を頭に入れておくと、面倒くさい人物がなぜ自分にとって面倒くさいのかがわかる。強引で利己的で、他人を平気で利用する人物を鬱陶しく感じ、面倒くさく思うのは、自分が人づきあいにおいて誠意や人情を大事にする「社会型」の要素をもっているからだ。

利害で人間関係を取り結ぶ「政治型」同士であれば、お互いに使える部分を利用し合うわけで、鬱陶しさも面倒くささもないはずだ。「政治型」の人物からすれば、利害による取引ができない「社会型」や「理論型」、あるいは「審美型」こそが、鬱陶しく、面倒くさい人物ということになる。

他人に興味がないと面倒と思われやすい

ちょっとしたことですぐに怒り出したり、注意やアドバイスにいちいち反発したり逆ギレしたりする人物は、扱いが難しく、どうにも面倒くさい。

無理なことを強引に要求し、こちらの事情をいくら説明しても理解せず、ごり押ししてくる人物も手に負えない。

両者はまったく違うタイプに見えるかもしれないが、そこには共通の性質がみられる。それは、相手の視点や立場を想像できない、あるいは相手の視点や立場に興味がないことだ。

だから、相手が立場上注意せざるを得ないということがわからず、「注意されれば不快だ」という自分の気分だけで反発する。

相手が親切心からアドバイスしてくれたときも、相手の思いやりがわからず、「自分のやり方では不十分だと言われた」という点にだけ反応し、感謝するどころか反発する。相手の立場や事情を想像することができないため、いくら説明されても「言い訳をしている」としか思わず、自分の要求をごり押しする。

いわば、共感性に乏しいのだ。

共感性の中核を担っている心理機能が視点取得だ。視点取得とは、他者の視点に立ってものごとをとらえることである。

視点取得ができていないと、自己中心的な視点に凝り固まり、相手の視点からしたらどのように見えるのかを想像することができない。想像しようとする習慣もない。ゆえに、相手の視点を無視して、自分の視点だけでものごとを判断する。

そのため、注意されれば不快になり反発し、要求があれば相手の事情を配慮せずにごり押しするのである。

このような共感性は、不安の強さと関係していることがわかっている。つまり、不安の強い人の方が人の気持ちや立場がよくわかる。

心理学者チビ＝エルハナニたちは、対人不安と共感能力の関係を検討する調査や実験を行っている。

その結果、対人不安の弱い人より強い人の方が、人の気持ちに対する共感性が高く、相手の表情からその内面を推測する能力も高いことが証明されている。

不安が強いと、相手の心理状態に用心深く注意を払うため、相手の立場や気持ちを理解でき、相手の事情を配慮した行動をとることができる。

それに対して、不安があまりないと、相手の立場や気持ちに用心深く注意を払うということになりにくく、相手の事情を無視して、自分の都合で一方的にかかわることになりやすいため、相手からしたらどうにも面倒くさいのである。

ロジカルか感情的かわからない若者

こちらの言うことに対していちいち感情的に反応する人物も厄介だ。

人の注意や指示に対して、納得いかないといって理屈っぽい反論をする。すねたりキレたりするのではなく、一応理屈を言ってくるから、頭の中がロジカルに整理されているのかと思えば、どうも苦し紛れの言い訳のような感じで、理屈に無理がある。こっちの理屈も通じない。

そこでわかるのが、一見理屈で動いているようでありながら、じつは感情で動いているということだ。

今の若手はいったいロジカルなのか感情的なのかよくわからないといった戸惑いを口にする管理職が少なくない。

たしかに最近の若者には、人の意見や指示に対しては理屈っぽい反論をするのに、自分の意見や提案が通らないと感情的に反発する者が多い。

上司や先輩が、

「つべこべ言わずに、言われたことをしてればいいんだ！」

と横暴なことを言ったわけではなく、部下の仕事のやり方がまずいために、どこがまずいかを説明し、どうしたらよいかを具体的に示したのに、ムッとした感じになる。

自分のやり方がまずかったわけで、ロジカルに考えたらムッとする理由はない。指摘してもらい、助かったのだから、むしろ感謝すべきなのである。

理屈で考えればそうなのだが、感情面では注意されるのは面白くない。気分がよくない。だからムッとした感じになる。このような人物は、感情コントロールができていない。だから、冷静に反応すべきところで感情的に反応してしまうのである。

取引先から苦情があり、担当の部下の対応が不適切だというので、丁重に詫びてから、担当の部下を呼び出してやや厳しい口調で注意すると、

「すみませんでした」

と言いながらも、何だか雰囲気が悪い。ふてくされたような感じが漂う。

上司からすれば、

「お前が失敗をして先方を怒らせたのに、こっちが謝罪しなきゃいけないんだからな、いい加減にしてくれよ」

と強く叱責したい気持ちを抑え、最近の若手は傷つきやすいからと配慮して、やんわりと注意したつもりなのに、そのふてくされた態度は何なんだと言いたくなる。

だが、当の部下は、隣の席の同僚に、

「オレだってさ、先方をわざと怒らせたわけじゃないし、一生懸命やってるんだし……そこ

のところを評価しないで文句ばかり言うんだから、なんだか嫌になっちゃうよな」とこぼしているのが聞こえてくる。嫌になるのはこっちの方だと心の中でつぶやく。

これでは育てることなどできない。いちいち感情的に反発されると、注意やアドバイスをするのが面倒くさくなる。

同じミスを繰り返す部下のある共通点

このようなタイプの問題は、感情コントロールができないため、認知反応すべきところでいつも感情反応を示してしまうところにある。

認知反応というのは、冷静に頭で反応する、理屈で反応することを指す。

経験から学ぶことができる人物は、認知反応が優勢なタイプだ。失敗をして注意されたとき、落ち込んだり、感情的な反発を示したりするよりも、

「どこがいけなかったんだろう」

「そうか、そこを考慮すべきだったのか」

などと考え、今回の失敗を今後に活かそうとする。

一方、感情反応が優勢なタイプは、何がいけなかったのかに目を向けるよりも、「否定された」「叱られた」ということにばかり意識がいき、「こっちの言うことを否定するようなことを言わなくたっていいじゃないか。こっちだって一生懸命にやってるのに」

とふてくされたような感じになる。

このような感情的な反応を示すタイプは、いちいち反発するから厄介だというだけでなく、思うようにならないときは不機嫌になるばかりで、そのうまくいかなかった経験から学ぶということができないため、同じ失敗を繰り返すという点でも面倒くさい相手となる。

○○が高いほど年収、学歴は高くなる

相手の視点を想像できないのも、感情コントロールができないのも、ともにＥＱの低さをあらわしている。

ＥＱ（ＩＱとの対比でＥＱと言うようになったが、元々はＥＩ＝情動的知性）は、ＩＱが高いだけでは社会で成功できないというところから着目された。

社会に出て成功する人、つまり仕事がうまくいっている人や幸せな家庭生活を送っている人は、概してＥＱが高い。そのことはさまざまな調査によって証明されている。

子どもの頃にＥＱの高かった人たちは、大人になってからの年収が高い、学歴が高い、持ち家比率が高い、犯罪率が低い、離婚率が低い、生活保護受給率が低いなどといった傾向を見いだした追跡研究もある。

では、ＥＱとは、具体的に言うとどのような能力を指すのか。

それは、自制心、熱意、忍耐力、意欲など、机上の学習では身につかない能力のことである。

心理学者のサロヴェイとメイヤーは、ＥＱの要素として、感情コントロール力、感情の理解と分析、感情による思考の動機づけ、感情の知覚・評価・表出能力をあげている。

心理学者ゴールマンは、自分自身の感情を知る能力、感情をコントロールする能力、自分を動機づける（やる気にさせる）能力、他人の感情をコントロールする能力、人間関係をうまく処理する能力をあげている。

自分の心の状態を知る能力。

自分の中に生じた激情を抑えたり、コントロールしたりする能力。

ものごとを楽天的にみて落ち込まない能力。

好奇心を絶やさない能力。

意欲的にものごとに取り組む能力。

自分を奮い立たせる能力。

人の気持ちに共感する能力。

人を嫌な気持ちにさせたりせず、人の気持ちをケアする能力。

人と協調する能力。

友だちと楽しくつきあう能力。

このような社会生活で必要であるのにＩＱでは測ることのできない能力がＥＱである。

ＥＱのなかでもとくに人間関係を左右するのが、相手の視点を想像する能力と自分の感情をコントロールする能力である。

とりわけ感情コントロール能力の欠如は、人間関係をこじらせる要因となることが多い。

周囲から面倒くさがられるのも、感情コントロールが苦手な人物だ。

感情的な人はストレスに弱い

感情コントロールができていない人物は、概してストレス耐性が低い。ゆえに、思い通りにならなかったり嫌な思いをさせられたりして、ちょっとでもストレスがかかる状況になると、落ち込んだり、怒りを爆発させたりと、感情的な反応を示しがちだ。

感情コントロールの研修の場で、自分は感情コントロール力が低いと気づいた人たちは、

「感情コントロール力がとくに低いことを改めて実感しました。たしかに日頃から人に何か指摘されてカッとなって言い返したり、あとでモノに当たってしまうことがあります」

「思い通りにならないことがあると、怒ったりふて腐れたりして、周囲に迷惑をかけることがあるし、このことだと思いました」

「ちょっとしたことですぐイライラして、周囲に当たったりするところかなと思います」

「感情コントロールの得点が低いのに納得です。ミスを指摘されたり、痛いところを突かれたりすると、それが当たっていても、逆恨みする性格だって改めて気づきました」

「私は感情が不安定で激しいので、自分では表に出ないようにしているつもりだったんです

けど、こうしてチェックしてみると意外に出していたので、これはまずいなと思いました」

などと、日頃の自分を振り返りながら、それぞれに反省点を口にする。

感情コントロール力の低さがストレス耐性の低さにつながっているわけだが、自分はストレス耐性が低いと気づいた人たちは、

「嫌なことや不安なことがあるとお腹が痛くなるので、けっこう腹痛に悩まされます。打たれ弱いみたいです」

「ストレス耐性が低いことがわかりました。考えてみれば嫌なことがあるとよくお腹の調子が悪くなるけど、それもストレス耐性の低さと関係あるんですね」

「嫌なことがあると、どうして私がこんな目に遭わなきゃいけないのと、恨みがましい気持ちになりやすい。前向きに対処していこうって気になれない。それがストレス耐性の低さなんですね」

「体調を崩すことが多いんですけど、嫌なことがあるとストレスが溜まり、それで体調を崩すように思います。感情コントロール力やストレス耐性の得点が低いのは、そんな性格をあらわしているんだと思います」

などと自分自身を振り返る。

このように、すぐに感情的に反応するから面倒くさいと思われている人物は、ストレス耐性が低い。そのため、ちょっとでも嫌なことがあると、落ち込んだり反発したりと感情的になるのである。

「できるアピール」をする薄っぺらい人

ほんとうに仕事のできる人物は、仕事を安心して任せることができるので頼りになるが、面倒くさいのはやたら「できるアピール」をする人物だ。しかも、そのような人物にかぎって実際には実力がなかったりする。

何かにつけて、

「そういうの、私得意なんです」

などと「できるアピール」をする。部署横断の全社的なプロジェクトを立ち上げることになり、

「その担当、私にやらせてもらえませんか」

と立候補するから、よほど自信があるのかと思って任せてみると、まったくの力不足で、結局尻ぬぐいをさせられる。挙げ句の果てに、上役から、

「なんであんなヤツに担当させたんだ！」

と叱られる。

そうかといって、こういうタイプの人物の「できるアピール」を無視して他の人物にばかり重要な仕事を回していると、「自分は仕事ができていない」という認識が本人にないため、不満を溜め込み、逆恨みされたりしかねないからややこしい。

では、できないのになぜ「できるアピール」をするのだろうか。

ここで振り返ってほしいのは、ほんとうに仕事ができ、安心して任せることができるような人物は、「できるアピール」などするだろうか、ということだ。しないだろう。わざわざそんなことをしなくても、できる人物であることは周囲のだれもがわかっている。そこでまた「できるアピール」などしたら嫌味な感じになり、反発を食らう。そうでなくても妬まれやすいのだから。

ここからわかるのは、「できるアピール」をする人物には、ほんとうは仕事が微妙なタイ

プが多いということだ。

そのようなタイプは、まだまだ実力不足が著しいにもかかわらず、自分の力不足を素直に認めようとしないようなところがある。ここでの問題は2つある。

ひとつは、心の中の不安や自信のなさに素直に直面するのを避けようとするということだ。本人ははっきりと意識していないことが多いが、心の奥のどこかで自分の力の足りなさを感じており、それによる不安を払拭するためにも、人からそんな不安な自分を見透かされないためにも、自分を実際以上に有能に見せようと虚勢を張る。それでしきりに「できるアピール」をすることになる。

もうひとつの問題は、認知能力が低いということだ。つまり、ものごとを理解する能力が低い。そのため自分の能力の現実認識が甘く、できないこともできると思い込んでしまうのだ。

だれもがポジティブ・イリュージョンを抱えており、自分の能力を過大評価する傾向があることは、すでに指摘した通りである。それに加えて、能力の低い人ほど自分の能力を過大評価する傾向が強いことがわかっている。

能力の低い人ほど自分を過大評価する

心理学者のダニングとクルーガーは、このことを証明するための実験を行っている。その実験では、「ユーモアのセンス」などいくつかの能力に関するテストを実施し、同時に自分の能力についての自己評価を求めた。

自分の能力の自己評価は、パーセンタイルを用いた。これは、自分の能力が全員の中で下から何％あたりのところに位置するかを答えるものである。たとえば、20パーセンタイルというのはかなり下の方に位置し、50パーセンタイルはちょうど平均、80パーセンタイルになるとかなり上の方に位置することになる。

そして、実際の成績順に参加者を4等分し、上位4分の1に属する「最優秀グループ」、「平均より少し上のグループ」、「平均より少し下のグループ」、下位4分の1に属する「底辺グループ」に分けた。

まず「ユーモアのセンス」についての結果をみると、「底辺グループ」の平均得点は下から12％のところに位置するものだった。ゆえに、「ユーモアのセンス」は極めて乏しいと言わざるを得ない。

ところが、「底辺グループ」の自己評価の平均をみると、58パーセンタイルであった。これは50パーセンタイル（平均）を超えており、「底辺グループ」の人たちは自分の「ユーモアのセンス」は平均的な人より上だと思い込んでいることがわかる。

つまり、実際には下位の1割程度に位置する実力しかないのに、本人たちは平均より上と思っているのであり、自分の能力を著しく過大評価していることになる。

一方、「最優秀グループ」では、そのような過大評価はみられず、むしろ逆に自分の能力を実際より低く見積もる傾向がみられた。

もうひとつ「論理的推論の能力」についての結果をみても、「底辺グループ」の平均得点は下から12％のところに位置しており、「論理的推論の能力」は極めて乏しいと言わざるを得ない。

ところが、「底辺グループ」の自己評価の平均をみると、68パーセンタイルとなっており、50パーセンタイル（平均）を大きく上回っており、「底辺グループ」の人たちは自分の「論理的推論の能力」は平均よりかなり上だと思い込んでいることがわかる。

つまり、実際には下位の1割程度に位置する実力しかないのに、本人たちは平均をかなり上回っていると思っているのであり、自分の能力を著しく過大評価していることになる。

一方、「最優秀グループ」では、そのような過大評価はみられず、自分の能力を実際より低く見積もる傾向がみられた。

あの人が不釣り合いな自信をもつのはなぜか

このような実験により、ダニングとクルーガーは、能力の低い人ほど自分の能力を著しく過大評価しており、逆に能力のとくに高い人は自分の能力を過小評価する傾向があることを実証してみせた。

このことをダニング＝クルーガー効果という。

こうした一連の実験によって証明されたのは、能力の低い人は、ただ何かをする能力が低いというだけでなく、自分の能力がまだまだ低いことに気づく能力さえも低いということである。

まさにこのことが、なぜか仕事のできない人ほど不釣り合いな自信をもっていることの理由と言える。

　理解力というのは、ものごとを理解する能力のことだが、その低さが自己認知をも妨げるため、自分はまだまだ能力開発をしないと使い物にならないという事実、あるいは自分はちゃんと仕事ができていないという現実にも気づかないというわけである。

　仕事がろくにできないのにやたら「できるアピール」をする部下に手を焼くことがあるが、本人にそんな自覚はまったくないのである。本人はできるつもりでいる。だからこそ面倒なのである。

厄介な彼・彼女の劣等コンプレックス

　業務をきちんと進めていく上でどうしても必要な注意をするとふて腐れたりいじけたりする人物も、自慢が多く周囲から持ち上げられないと機嫌が悪くなるタイプも、ほんとうに厄介だが、どちらもその背後に劣等コンプレックスが潜んでいる。

　劣等感を人間の成長の原動力とみなす個人心理学の創始者アドラーは、大人と比べて自分をまだまだ劣等な存在と感じることが、より大きな存在になりたいという子どもの成長欲求につながっているという。

アドラーは、成長につながることもある健全な劣等感と劣等コンプレックスを区別している。

能力面や人格面などの自分の弱点を感じるのが劣等感だが、そうした劣等性を認めることができず、自分の劣等性から目を背けようとするとき、そこに劣等コンプレックスが生まれる。

アドラーは、自分を大きく見せようという動きの中に、劣等コンプレックスをみることができるというが、やたら自慢をしたり、自分の至らなさを指摘されると攻撃的な反応を示したりする人物の面倒くささも、自分を実際以上に大きな存在に見せたいという衝動に発するものとみることができる。

アドラーによれば、劣等コンプレックスに苛まれている人に対して、「あなたは劣等感を感じていますか」と尋ねても、けっしてそれを認めるようなことは言わず、むしろ自分が周りの人たちより優れている点を答える。だが、しっかり観察すれば、劣等コンプレックスを抱えているかどうかは、すぐにわかるという。

たとえば、傲慢な態度の人は、ほんとうのところ自分に自信がなく、人から見下されるのではないかといった不安を抱えているため、バカにされないように偉そうな態度をとってしまうのである。

他者に対して優越的な態度をとったり、自分の優越性を認めない相手に対して攻撃的な態度をとったりする人物の心の中には、必死になって隠さなければならない劣等コンプレックスが潜んでいるのである。

偉そうな態度をとる人は、それによって、劣等コンプレックスを抱えていることがわかる。自分の弱点を素直に受け入れることができず、それを見抜かれることを怖れるあまり、虚勢を張っているのだ。

そのような人は、人から言われたちょっとしたひと言に過剰な反応をするからややこしい。「あの人はプライドが高いから、うっかりしたことを言うと怒らせてしまうので気をつけないと」などと言われる人物は、じつは自信があるのではなく、劣等コンプレックスを抱えているのである。

ほんとうに自信がある人は、自分の弱点を素直に受け入れることができるため、人の言うことに過剰に反応したりはしない。

「こんなことも知らないの？」を流せる人、流せない人

たとえば、自分が運動神経が鈍いことを受け入れている人は、その自分の劣等性をネタにして人を笑わせたりもできるし、人から運動神経の鈍さをからかわれても一緒になって笑い飛ばすことができる。

ところが、自分が運動神経が鈍いことを受け入れられない場合は、それが劣等コンプレックスとなっており、人から運動神経の鈍さをからかわれたりすると、不機嫌になったり、真っ赤になって怒り出したりする。

あるいは、仕事でなかなか成果が出せず、自分の能力の微妙さが劣等コンプレックスを形成している場合なども、

「もう少し頭を使って工夫しないとな」

というような上司のアドバイスにムッとしたり、雑談の中で友だちが発した

「そんなこともわからないのかよ」

といった冗談交じりの言葉に対して、

「人をバカにするようなことを言うなよ」

とムキになって反発したりする。

劣等コンプレックスを抱えていると、敵意帰属バイアスが働き、勝手に挑発されているように感じ取ってしまう。そのため、相手にはとくにバカにするような気持ちがなくても、自分をバカにしているように聞こえてしまうのである。

それによって自己防衛の心理が働き、攻撃的な態度に出ることになる。崩れそうなガラスのプライドを守ろうと必死なのである。

たとえば、仕事で知識不足のために何らかの失態を演じてしまったときなども、劣等コンプレックスが少なければ、

「こんなことにならないように、もっと勉強して知識不足を少しずつでも解消していかなくちゃ」

と思って、自分の知識不足を冷静に認め、それを克服すべく精進することで成長軌道に乗ることができる。

ところが、劣等コンプレックスが強いと、「恥をかいた」という意識ばかりが強いため、自分に注意やアドバイスをした人物に対して反発を感じたり、知識不足で支障が生じたときのことを思い出さないようにしたり、「バカにされたくない」といった意識ばかりが強くて、商品知識の話題を仲間うちで出さないようにしたりする。劣等コンプレックスを刺激する現実から目を背けようとするのである。

ゆえに、このタイプの扱いには非常に気をつかわなければならず、上司であれ、同僚であれ、部下であれ、ほんとうに煩わされる。

何かにつけて自慢をしたり、「できるアピール」をしたりする人物を見て、ほんとうに仕事のできる人だと思う人はあまりいない。そのような人物に対して、

「それはすごいですね」

などと口では言っても、心の中では、

「よっぽど自信がないんだな。うっかり傷つけたら面倒だな」

と思っていたりする。

実際、すでに指摘したように、仕事ぶりが微妙な人物にかぎって「できるアピール」をす

るものだ。ほんとうにできる人は、むしろ謙虚な態度を示し、あまり「できるアピール」はしない。

なぜなら、そんなことをしなくても、できる人物だということは周囲にわかってもらえるからだ。ゆえに、「できるアピール」をする必要がない。

なぜわざわざ痛い人物になってしまうのか

さらに言えば、日本のような横並び社会では、できる人物は「賞賛の対象」になると同時に「妬みの対象」にもなる。

できる人は、これまでに妬みによっていわれのない攻撃を受けたり、足を引っ張られるようなことをされたりした経験をもつため、「できるアピール」をするよりも、できるということがあまり目立たないように謙虚な態度をとるようになる。

このように、できない人ほど「できるアピール」をするものであり、ほんとうにできる人はあまり「できるアピール」はしないということは、じつは多くの人が知っているはずだ。

それなのに、なぜわざわざ「できるアピール」をしてしまう人がいるのか。そうすることで、実際にはできない「痛い人物」とみなされるのはわかっているはずなのに、なぜわざわざそんな見苦しいことをしてしまうのか。

これもまた劣等コンプレックスの仕業《しわざ》なのである。

仕事でなかなか成果を出せなかったり、同期と比べて成績が悪かったりするとき、自分の実力不足を素直に認められる人は、力をつけるために何をしたらよいかを考え、着実に力をつけていく。

ところが、自分の実力不足を素直に認めることができない人は、自分はほんとうは力があるんだと思い込もうとし、現実から目を背けようとする。そこに劣等コンプレックスが形成される。実力不足な自分をどこかで感じながらも、それを認めず、できる風に見せようとして、必死に「できるアピール」をする。

思うように人から認められないような場合も、実力が正当に評価されないと不満を口にするばかりで、なぜ認められないのかに目を向けてそこを改善しようといった動きにならない。

仕事ぶりが微妙な人にかぎって自慢話や「できるアピール」が多いのも、自分の微妙さをどこかで感じ、それが劣等コンプレックスを形成しているからなのだ。

そのため、何としても自分の無能さを露呈してはいけないとでも思っているかのように虚勢を張り、自慢話をするのである。

コンプレックスというのは、精神分析学者のフロイトやユングも指摘しているように、無意識のうちに行動に影響する。

ゆえに、劣等コンプレックスを抱える人は、自分を大きく見せたい衝動に駆られて、無意識のうちに「できるアピール」をしてしまう。その結果、残念なことに、小人物とみなされてしまうのである。

このように劣等コンプレックスは本人が意識できないところで本人の行動に影響を与えているから面倒なのである。

子どもに鬱陶しがられる親の「べき思考」

やたら口うるさくて面倒くさい人がいる。

そんなに口うるさかったらみんな遠ざかっていくだろうにと思うのに、自分の思う基準から逸れていると、いちいち文句を言ったり、嫌味を言ったり、批判的なことを言ったり、説教したりする。そのため周囲から煙たがられる。

このような人物は、思考に柔軟性がなく、「こうあるべき」に縛られすぎているのである。

たとえば、口うるさくて部下から鬱陶しがられている人は、

「もっと手際よくやれるだろう（＝手際よくやるべき）」

「言われなくても自分で考えて工夫できるだろう（＝自分で考えて工夫すべき）」

などと思うから、手際の悪い部下やすぐに聞きに来る創意工夫の足りない部下にイライラして、いちいち口うるさいことを言うのである。

上司に対して文句が多い人も、

「部下のことをねぎらってほしい（＝もっとねぎらうべき）」

「もっと役に立つ実践的なアドバイスをしてほしい（＝もっと役に立つ実践的なアドバイスをすべき）」

などと思うから、ねぎらいの言葉をかけてくれない上司や頑張れとハッパをかけるだけで具体的なアドバイスのない上司にイライラし、不満げな態度をとったり、陰口を叩いたりするのである。

プライベートでも同じだ。

恋人に対して不満げな態度を示しがちな人も、

「こっちの思いをもっと察してくれたっていいじゃないか（＝察してくれるべき）」

「やさしい言葉をかけてほしい（＝やさしい言葉をかけるべき）」

などと思うから、察してくれない恋人ややさしい言葉をかけてくれない恋人にイライラして、すねたり、いじけたりするのである。

子どもから鬱陶しがられている親も、

「こんなに教育費をかけてるんだから、ちゃんと期待に応えてよね（＝期待に応えるべき）」

「なんで思うようにならないの（＝思うようになるべき）」

と思うから、期待はずれの成績を取ってくるわが子や自分の思うようにならないわが子にイライラし、文句ばかり言うから鬱陶しいのである。

このような「こうあるべき」という考えを「べき思考」と言う。

「べき思考」が本人の向上につながったり、周囲の人を成長させたりするわけだが、強すぎる「べき思考」は本人を苦しめると同時に、周囲の人を苦しめたり、不快にさせたりする。

そこで、認知行動療法では行きすぎた「べき思考」を緩めるように働きかける。

このように「こうあるべき」というのは大事なことではあるが、それがあまりに強すぎる人は、要求がましくてどうにも面倒くさいのである。

第4章

「話をややこしくする天才」とどうつきあうか

歪みは直せるのか?

面倒くさい人がふつうになってくれたら、そんな素晴らしいことはない。だが、そんなことがあり得るだろうか。ちょっと想像してみよう。

規則や手順に無駄にこだわる融通の利かない人物が、ものごとに臨機応変に対応する柔軟性を身につける。

自分が絶対に正しいと思い込み、自分の意見をごり押しする人物が、人の意見に耳を傾け、自分と違う考え方を尊重し、理解しようとする姿勢を身につける。

気分の浮き沈みが激しくて、ちょっとしたことで大騒ぎするため扱いに困る人物が、情緒的に安定し、どんなときも冷静で動揺しなくなる。

取捨選択ができず、いつも要領を得ない話し方をする人物が、細かなことにとらわれずに枝葉末節を切り捨て、要所要所をわかりやすく話せるようになる……。

どれも素晴らしいことだが、どれひとつとっても、そう簡単に実現しそうに思えない。具体的な人物を思い浮かべ、このような歪みがなくなった姿を実際に想像するのは難しい。というよりも、ほとんど不可能に思えてくる。

では、歪みは直せないのかと言えば、そうとも言い切れない。

性格的な要素が変わるわけではなくても、そのあらわれ方が変わることはある。ある種の傾向がまったくなくなるわけではなくても、こちらが面倒くささをあまり感じない程度に和らぐことは期待できる。

ただし、本人が心から変わろうと思わないかぎり、けっして変わることはない。人から言われたからといって簡単に変わるようなことはない。

となると、向こうが変わるのを期待するよりも、こちらがうまくかかわれるようになる方がずっと近道だと言える。

心理傾向や行動はなかなか変わらない

本人自身が、自分が面倒くさい人になっていることに気づき、「自分はこのままじゃダメだ」と思い、本気で変わろうと思うなら、歪みが直ることを多少は期待することもできる。

だが、いくら「このままじゃダメだ」「変わらなくちゃ」と思ったところで、実際には何ら歪みを正す動きが出てこないことの方が圧倒的に多い。

それは、現状を変えるには相当の心的エネルギーが必要となるからである。

病的に細かすぎる傾向も、失敗を過度に怖れてしまう傾向も、対抗心を燃やしてしまう傾向も、どんな望ましくない傾向も、長年それでやってきているわけで、それが自分の中に染みついている。そのような習慣化された心理傾向や行動パターンは自動化しており、ごく自然にそうしてしまう。それを変えるのは容易ではない。

そこで、つい面倒になる。頭では「このままじゃダメだ」「変わらなくちゃ」と思いつつも、実際の生活場面では自動化したパターンが出てしまい、それに気づくことがあっても「まあ、いいいか」と開き直ることになる。

それというのも、問題となる心理傾向や行動傾向も、人から面倒くさいと思われはするものの、これまでの自分にとってメリットもあったからである。

たとえば、病的に細かすぎるゆえに、注意力が働き、うっかりしたミスが少ない。失敗を過度に怖れるために、致命的な失敗をせずにこられた。対抗心を燃やす性格ゆえに、人に負けまいと頑張ることができた。そんなことがあるものだ。

どんな心理傾向や行動傾向も、そのあらわれ方によって短所にもなれば長所にもなる。

面倒くさい人ならではのこだわりも

さらに言えば、本人なりのこだわりもある。

たとえば、いつも遠慮がちで自己アピールできない自分はいつも損をしているから、そんな消極的な自分を変えたいという人の話を聞いていると、消極的な自分はいつも損をしてばかりと言いつつ、

「こんな性格は損だから、もっと積極的になりたいと思うんですけど……でも、変に積極的な人がいるじゃないですか。なんか、自分を売り込んだり、ずうずうしい感じだったりする人。ああいうのは見苦しくてイヤだなあって思うんです」

などと、積極的に自己アピールする人物に対する嫌悪感を口にする。

これでは消極的な自分を変えることは難しい。自分は積極的に自己アピールするような人間じゃないというところに、本人なりのこだわりが感じられるからだ。

あるいは、自分は内向的な性格で、何か言おうと思っても、「こんなこと言ったら場違いかな」などと迷っているうちに話題が変わり、何も言えないままただ聞いているだけになりがちで、もっと社交的になりたいという人の話を聞いていると、いつも話の輪の中心になっている人が羨ましいと言いながらも、

「でも、社交的な人って、ちょっと無神経で軽薄なところがありますよね。あんなふうに人に対して無神経にはなりたくないですよね」

などと、社交的な人物に対する否定的な思いを口にする。

結局、社交的な人が羨ましいと言いつつも、社交的になれない自分の思慮深さ、人に対する気づかいは捨てられないといったこだわりが感じられる。

本人自身が変わりたいと思っても、このように心の中に抵抗が生じるため、なかなか変われない。ましてや人からある心理傾向や行動傾向について「直した方がいい」と言われて直るようなものではない。

むしろ、人から自分の歪みを指摘され、そこを直せと言われたりすると、かえって心理的抵抗が生じることが多い。指摘された点について、じつはこんな事情があるのだと自己正当

化に走ったりする。現に、先に例示したように、メリットもこだわりもあるわけである。

ゆえに、指摘しても逆効果になりがちだ。

人はなかなか変われないのである。だから指摘するより、こちらがその心理傾向や行動傾向を理解し、つきあい方を工夫するしかない。

「わけのわからない人」はこうして生まれる

「なんなんだ」「わけわからない」「いい加減にしてほしい」などと思ってしまう相手のことを理解するには、その人物の価値観を知ることが大切だ。

こっちからして「わけわからない」のは、お互いのものごとを見る構図が異なるからだ。構図が異なれば、ものごとの見え方が違ってくる。ゆえに、向こうもあなたのことを「わけわからない」と思っているはずだ。

価値観が違えば、ものごとを見る構図が異なるため、こちらの理屈は向こうに通じないし、向こうの理屈もこちらとしては納得できない。ある理屈を正しいと思うかどうかは、価値観によって決まってくるのである。

自由競争に価値を置き、規制緩和を要求してくるアメリカによる圧力のもと、日本の政府はあらゆる領域において、つぎつぎに規制緩和を打ち出してきたし、現在も規制緩和に熱心だ。

そのような政策を支えているのは、自由競争による仕事の獲得、自由競争による価格形成は絶対的に正しいといった価値観である。

だが、自由競争によって低価格競争が際限なく行われ、価格破壊が企業を追い込み、労働者を低賃金で酷使せざるを得ない状況が生じており、自由競争に歯止めをかけなければ市民の生活が成り立たなくなるといった懸念が生じている。

最近になってアメリカやEU諸国で保護貿易を求める声が高まっているのも、そういった状況が深刻化していることによるものと言える。

ここでわかるのは、自由競争が正しいのか、競争はある程度規制すべきなのか、という問題には、どちらが正しいという正解はないということだ。

優秀な子をほめてはいけない教師

ごく日常的な世界を見ても、自由競争を奨励している政府の方針とは正反対に競争の排除が、堂々と行われている。

たとえば、運動会で徒競走を廃止したり、順位をつけるのをやめたりする動きが広がったのは、いわば自由競争の排除である。理由は、足の遅い子が傷つくということだった。徒競走に限らない。学校では、「特定の生徒・学生をほめないように」と教員が言われたりしている。ほめられなかった生徒・学生が傷つくからだという。生徒の優秀作品を学校便りやホームページに掲載するのも難しくなっている。掲載されない子やその保護者からのクレームへの対処が面倒だからだという。

このような配慮がなされること自体、人々の間に自由競争に対する否定的な評価が広く共有されていることをあらわすものではないだろうか。

受験競争が過酷で、子どもたちがかわいそうだから、競争を緩和する必要があるということで、さまざまな推薦入試が行われるようになった。私立大学では、半数以上が筆記試験なしに入学している。推薦入試は国立大学でも推進されており、これからもっと推薦を増やすようにといった通達さえ出されている。

生徒の受験をめぐる競争は規制しよう、排除しようということになるのに、どうして低価格を競う自由競争に苦しむ企業や従業員のために競争は規制しよう、排除しようということにならないのか。

さらに言えば、学校は勉強する場であり、会社は仕事をする場である。会社では年功賃金が崩れ、成果主義が重視され、いわば仕事能力や業績による自由競争の世界に移行するのが正しいとみなされているのに、なぜ学校では態度などを重視して学力による自由競争を排除するのが正しいとみなされるのだろうか。

こうしてみると、自由競争が正しいのか、競争は規制もしくは排除すべきなのか、というような問題も、理屈で決着がつくものではなく、理屈の背後にある価値観によって判断が違ってくるだけだということがわかる。

ゆえに、こっちからみて「わけわからない」と思わざるを得ない人物の心理傾向や行動傾向にも、それなりに合理的理由があったりする。価値観が違うために、それを受け入れることができないのだ。

どうしても意見がすりあわないときには

価値観が違えばものごとを見る構図が違ってくるため、持ち出す理屈も違えば、正しいと思う理屈も違う。

ゆえに、こちらの理屈が相手に通じず困るときや相手の理屈がどうにも納得できないときは、価値観の違いを考慮してみる必要がある。価値観の違いを考慮せずにいくら議論しても、平行線をたどるばかりだ。

最近の政策論争に関係する例をあげれば、自分のキャリア追求が何よりも大事とする立場からすれば、子育てというのはキャリア追求の邪魔になる余分な仕事であり、できるだけやらずに済ませたいということになる。

そのため、保育機能をもつ施設の基準緩和など、子育ての外部化をどんどん推進していく社会政策が必要だということになる。そして、男女ともに子育てから解放され、それぞれのキャリアを追求し、活躍できるような社会をつくるべきだと主張したりする。

一方、家庭や子どもの健全育成を第一に大切にしたいという立場からすれば、男女とも子育てから解放され、働きに出ることを推奨する政策は、個人や家族の幸せには無関心な政策者が税収の確保と安い労働力確保のために、「活躍」とか「輝く」といった耳障りの良い言葉で自己愛をくすぐり、家庭外労働へと駆り立てているだけだということになる。

そして、次世代育成という重大な意義をもつ子育てを余分な仕事のようにみなす政策者たちから子どもたちを守らなければならないといった使命感から、動物でさえ自分の子どもは自分できちんと育てるのに、自分のキャリア追求という自己中心的な欲望のために親子のふれあいの機会が奪われるのは間違っていると主張することになる。

どちらも自分の価値観からして正しい理屈を主張しているわけであり、お互いに相手の理屈を受け入れることはできないのも当然と言える。

近頃、やたら人脈づくりが大事だという声が聞かれるようになり、学生たちの中にも、
「キャリアづくりは人脈しだいだ」
などと公言する者が少なくない。それに対して、
「人脈、人脈って言って、相手が役に立つかどうかっていう利害で人間関係をもつのって、

何だか淋しい」

という者もいる。

これに関しては、心理人類学的な観点に立つ浜口恵俊が、西洋人の個人主義に対して東洋人の間人主義を対比させる中で、個人主義は対人関係を手段視するのに対して、間人主義では対人関係を本質視するとしている。

「『個人主義』を（中略）特徴づけるのは、対人関係の手段視である。互いに自立した個人どうしが関係を取り結ぶ場合、その関係自体は、自らの存立にとっての有用な手段でこそあれ、けっして自己目的とはならない（中略）個人にとって役立つことのない対人関係は、永続化されなかったり、解消されてしまう。（中略）社交は、関係の手段的有効性を人為的に高める機会ではあるが、社交的なつき合いが心底から望まれるということは、おそらくないのではないか。」（浜口恵俊『「日本らしさ」の再発見』講談社）

そして、間人主義における対人関係のとらえ方については、つぎのように特徴づけている。

「相互的信頼に基盤をもつ対人関係は、操作的に運用され、手段的に活用されるような、関係に対する機能的な評価とはちがって、それ自体として値打ちをもつものと見なされる。安堵して二人の間の関係が保てるとなると、その間柄自体が本質的な価値を帯びるようになる。その関係にもとづいて何事かをなそうとするよりも、相互の連関そのものを意義づけて、どこまでもその持続をはかることが望まれることになる。」(同書)

自分の常識は、他人の非常識

欧米のような個人主義の社会では、だれもが他者に頼らず自分だけを信じ、自己中心的に行動するのであり、そこでは他者への不信が前提となっており、人間関係も自分の利益のための手段として利用すべきものとされる。

ところが、日本のように関係性を大切にする社会では、だれもが他者に配慮をしながら行動するのであり、そこでは相互信頼が前提となっており、人間関係を手段とみるようなことはなく、人間関係そのものに大切な意義があるとみなされる。

このような人間関係のとらえ方の相違は、もっと微視的にみれば、日本社会の中においても個人による価値観の違いとして顕在している。

人間関係は人脈として利用すべきであり、利用価値のない人間関係は持続する意味はない

といった価値観をもつ者は、

「役に立たない人物とつきあうのは時間の無駄だ」

「人間関係を利用するのは汚いなどといって、人をすぐ信用する人間は甘すぎる。そんなんじゃ簡単に騙されて、痛い目に遭うだろう」

と公言したりする。

一方、人間関係そのものに豊かな意義があるのであって、自分の利害のために人間関係を利用し、利用価値のない人間関係を切り捨てるといった発想は利己的で見苦しいといった価値観をもつ者は、

「人間関係にすぐに利害を持ち込み、人を平気で利用する人間は汚すぎる」

「利用価値でしか人をみることができないなんて、なんて淋しい人間なんだ」

と、人間関係を手段視する生き方に批判的なことを言う。

このように価値観が違えば、ものごとを見る構図が違うため、他人の言動に対する評価も違ってくる。

こちらが「面倒くさい」と思う人物は、こちらのことを「面倒くさい」と思っているかも

しれないのである。自分の常識は他人の非常識だったりする。ゆえに、相手の歪みを指摘したところで、相手はけっして納得しない。向こうからすれば、こっちが歪んでいるのである。

そこで大切なのは、面倒くさいと思わざるを得ない人物の価値観を知ろうとすることだ。

他人の価値観を完全に知ることは不可能だが、ある程度推測できれば、その人物の心の世界が多少なりともわかってくる。

それによって、不可解だった言動やイライラさせる言動の由来が理解できるようになり、その人物といるときのストレスが軽減する。

面倒な人へのイライラを軽減する対応策

したがって、大事なのは、相手の心の世界に想像力を働かせることである。

ひとくちに面倒くさい人物といっても、さまざまなタイプがある。第2章において、面倒くさい人物のタイプ分けを行った。

典型的な10のタイプを抽出し、それぞれの行動的な特徴のどこがどう面倒くさいのかについて、多くの人たちが口にする点を整理した。そして、その背後に潜む心理的特徴について解説した。

面倒くさくてたまらない人物が身近にいる場合、相手を変えるのは不可能に近いわけだから、こちらの対応力を高めるしかない。

そのためには、まずは各タイプの行動特徴や面倒くささの特徴と照らし合わせながら、日頃接していて面倒くさいと感じる人物がどのタイプに近いかを見定め、その面倒くささの背後にある心理メカニズムを理解することである。

「わけがわからない」からこそイライラするのである。向こうの心理メカニズムがわかれば、イライラはかなり軽減されるはずだ。

ちょっと注意しただけで反発する面倒くさい部下も、その心の中には自信のなさが潜んでおり、注意されることで「見下され不安」が刺激されるため、自分自身のまずい点を振り返る余裕を失い、つい反発してしまう。そうした心理メカニズムが理解できると、「まあ、仕方ないな」と思えてくる。そして、「なんで、こうなんだ！」と苛立っていたのが、「さて、どうしたら振り返らせることができるかな」と思案する余裕ができる。

人の気持ちを傷つけるようなことを平気で言ったり、場違いな発言をして周囲を慌てさせる人物も、心の中のモニターカメラが壊れているため、周囲の反応をみながら自分自身の言動の適切さをチェックするという自己モニタリングがうまく機能せずに不適切なことを言ってしまう。そのような心理メカニズムが理解できれば、「しようもないヤツだな」と思いはしても、あまりイライラしないで済むようになる。

規則や手続きに異常にこだわり、こちらがどうでもよいと思うようなことでストップをかけてくる融通の利かない上司も、自分に自信がないため規則や前例に従っていないと不安になったり、柔軟な対応ができないため決められた手順通りにせざるを得なかったりするのだ。それがわかれば、いちいちイラッとせずに済む。

「なんで、こんなことにこだわるんだ！」「なんて頭が固いんだ！」といきり立つことがなくなり、「細かいことにこだわらざるを得ないんだ」「頭が固くて柔軟な対応ができないんだ」ということを前提に、「どうしたら安心してもらえるだろうか」「どうしたら前に進めるだろうか」と冷静に対応策に集中できるようになる。

このように苛つかずに冷静に対処できるようになるためにも、第2章および第3章を参考に、面倒くさい人物の典型的な傾向と有効な対策を知っておくことが大切である。

歪みを指摘すると、さらなる面倒に巻き込まれる

こちらがイラッとするようなことを言われたり、面倒くさいなと思ってしまう態度をとられたりすれば、つい文句を言いたくなる。でも、文句を言ったからといって、心地良い雰囲気になるわけではない。緊張感が走り、よけいにイヤな気分になるだけである。文句を言っても仕方がない。

もうひとつ、注意しなければならないことがある。

それは、面倒くさい人物の心理メカニズムがわかるようになると、相手に面倒くさい言動をとらせている心理的要因が手に取るようにわかるため、ついそこを指摘したくなるということだ。

だが、相手の面倒くさい行動パターンの背後に働いている心理メカニズムがわかったとしても、そこを指摘するのは禁物である。

ちょっと想像してみよう。

たとえば、人の気持ちを傷つけるようなことを平気で言ったり、ずうずうしいことを平気

で言ったりする人物がいたとする。

「そういう言い方は良くないですよ。○○さんが傷ついてるじゃないですか。あなたは心の中のモニターカメラが壊れてるから、自分の言動がいかに不適切であるかがわからないんです。周囲の人があなたの言動に傷ついたり、イラッときたり、呆れたりしていても、あなたはわからないんですよ」

このように指摘されて、素直に反省するだろうか。むしろいきり立って反論してくるのではないだろうか。うまく反論できない場合も、感情的な反発を示し、険悪な空気になるはずだ。

あるいは、ちょっと注意するだけで感情的に反発したり、必死な言い訳で自己正当化しようとしたりする人物がいたとする。

「君はなぜ素直に自分の至らなさを認められないかわかるか。劣等コンプレックスが強すぎなんだよ。自分に自信がなくて、人からバカにされるんじゃないかっていう不安が強いんだ。だから、人からまずい点を指摘されると、その見下され不安が刺激されて、感情的になって反発したり、必死に自分の有能さを誇示しようとしたりするんだ」

「でも、それって人から見たら見苦しいんだよ。そのせいで、かえって見下され不安がバレちゃって、周りから自信のないヤツなんだなあと思われてしまう。現に君は周囲からそう思われてるんだよ。そして、何よりも問題なのは、自分を素直に振り返れないため、まずい点を修正できないことだ。そういうところは直した方がいいよ」

このような指摘を受けて、冷静でいられるだろうか。この指摘によって、劣等コンプレックスが強烈に活性化し、ものすごく攻撃的な反応に出ることもあり得る。コンプレックスというのは、無意識の衝動層でうごめくものであるため、本人の意識しないところで攻撃的な反応を引き起こさせたりする。

いずれにしても、面倒くさい言動の背後にある心理メカニズムを指摘しても建設的な展開は期待できない。むしろ場が荒れて、よけいに面倒くさいことになることの方が多い。ゆえに、指摘するのは禁物である。

「今のあなたではまずいよ」を人は冷静に受け止められない

親切な人にありがちなのが、人から面倒くさいと思われているのはかわいそうだから、相手に自分の面倒くささをわかってもらい、そこを直してもらおうとすることだ。

だが、相手にとっては、それはよけいなお節介にすぎない。

なぜなら、相手にとって、自分の習慣的な行動パターンを変えるように言われることは、まさに今の自分を否定されることになるからだ。

ゆえに、いくらこちらが親切心からアドバイスしたとしても、

「今のあなたの行動パターンのままではまずいよ」

というようなアドバイスを冷静に受けとめるのは難しい。

自分の欠点を指摘されるのは、親しい間柄でも気分の良いものではない。

たとえ本人自身がそれによる生きづらさを抱えていたとしても、人から指摘されると、自分を否定されたような気分になり、つい反発したくなる。人間というのは、みんな自己愛が強く、自己防衛的な生き物なのである。

心の中で、「たしかに自分にはそういうところがあるな」と思っても、人間には相手の指摘が当たっていればいるほど感情的に反発したくなるところがある。意地でも認めたくないといった気持ちになったりする。

危機的な状況における自己防衛反応だ。何が何でも認めるわけにはいかないとでも言いたげに必死の抵抗を見せる。

結局、その面倒くさいクセも含めて、その人の性格、すなわちその人らしさなのだ。それを否定されたら、たいていの人は冷静ではいられない。

さらに言えば、歪んだスタイルにも、その人なりのメリットがある。

自慢話をすることでかえって小人物に見られると指摘され、「たしかに、そうかもしれない」とは思っても、自慢話をしているときの気持ちの良さが劣等コンプレックスを覆い隠してくれる。

自分の劣等コンプレックスを意識することほどイヤな気分になることはないので、それを意識せずに酔いしれることができる自慢話には大いにメリットがあるのだ。

そのときどきの状況に応じて自分で的確な判断をする自信がないから規則や手順にこだわるのだと指摘され、「その通りかもしれない」と内心思ったとしても、規則や手順にこだわることには大きなメリットがある。

自分なりの判断をして、それで誤れば、責任を問われるし、自分の無能さをさらすことになる。だが、「規則だから、それは認められない」「決められた手順を無視するわけにはいかない」といった判断をしていれば、責められるような失敗をおかすことはないし、自分の無能さをさらす心配もない。

こうした諸々の事情から、人は長年慣れ親しんできた自分の行動パターンをちょっとやそっとのことでは変えようとしない。ゆえに、相手を変えようとすると、よけいにややこしいことになる。

極度に面倒くさく、手に負えない人の場合

好意でしてあげたことに難癖をつけられる。

何気なく口にした言葉にいわれのない悪意を勝手に嗅ぎ取って、攻撃的な反応を示す。

良好な関係を保っているつもりでいたら、ほんの些細なことで手の平を返したように対立的な態度を示す。

本人のためを思って憎まれ役を覚悟して、あえて苦言を呈したのに、「酷いことを言われて自尊心を傷つけられた」と騒ぎ回る。

ちょっと厳しく注意すると、傷つけられて何も手につかなくなったと訴え出る。このような面倒くさい人物がそこらじゅうにみられる時代になった。

そこで注目されるようになったのが人格障害である。

「困った人が身近にいて、その人に振り回されて消耗する。どうしたらよいでしょうか」

といった類の相談が後を絶たないが、授業や講演で人格障害の解説をすると、

「私の周りにもそういう人がいて困ってるんです。さっきの事例そのものみたいな人なんです。まさにあの人のことじゃないかとびっくりしました」

などと話しに来る人たちが必ず出てくる。

人格障害とは、属する文化から期待されるものから著しく偏った内的経験や行動が持続的にみられるものを指す。そのような偏りは、ものごとを解釈する認知様式の歪み、感情反応の強度や不安定さ、対人関係の不安定さ、衝動コントロールの不適切さといった形であらわれる。

本書で取り上げた面倒くさい人は、ものの見方が歪んでいたり、ちょっとしたことで反発したり落ち込んだり、人間関係のトラブルが多かったり、突然怒り出すなど衝動がむき出し

になりやすかったりと、人格障害の特徴がみられることが多い。

だが、どんな人間にもそうした歪みはあるものだ。それがあまりに極端で手に負えない感じがある場合に、人格障害を疑うことになる。

適度に距離を置いた方がいいときも

自己アピールが過剰な人物、無理をごり押しする人物、持ち上げられないと機嫌が悪くなる人物などは、身近によくいるはずだが、なかにはそれが行きすぎていて、周囲の人たちを深刻に悩ませることがある。その場合は、自己愛性の人格障害の疑いも考慮すべきだろう。

自己愛過剰が度を超す場合は、自己愛性人格障害という一種の病理とみなされる。自己愛性人格障害とは、自分は特別といった意識を極端に強くもっており、自分が活躍する夢を誇大妄想的に抱いているタイプの病理である。

人からほめられたい、自分には他の人よりも優れたところがある、自分はこんなところに埋もれている人間じゃないといった意識は、多くの人の心の中に多かれ少なかれ潜んでいるものだ。

そうした意識が極端に強く、誇大妄想的に膨れあがった場合、自己愛性人格障害を疑うことになる。

そのような人物は、「自分は特別」といった意識ゆえに、自分の成功のためには平気で人を利用する。周囲の人にとっては、自己中心的で鼻持ちならない人物なわけだが、本人としては自分は特別なのだから、何でも許されるのである。

ただし、裏づけのある優越感をもっているわけではないため、じつは心の奥底に自信のなさを抱えており、その不安を覆い隠そうとするかのように人からの賞賛を求める。そのため人からの評価に過敏で、持ち上げてもらえないと脆い自尊心が傷つき、攻撃的な反応を示したりする。

ちょっとしたことで気分を害する人物、やたら要求がましい人物、すぐに攻撃的になる人物なども、身近によくいるはずだが、それが行きすぎて、周囲の人を振り回す場合がある。その場合は、境界性の人格障害も考慮すべきだろう。

あまりに衝動的で人間関係に支障がある場合は、境界性人格障害という一種の病理とみなされる。境界性人格障害とは、感情面も人間関係面も極端から極端へと変動しやすく、衝動がむき出しになりやすいタイプの病理である。

情緒が不安定で、衝動を抑えることができず、欲求不満に耐える力が乏しい人物というのは、どこにでもいるものだ。その上で、人間関係も不安定で、攻撃性やときに自己破壊性が目立つとき、境界性人格障害を疑うことになる。

その根本にあるのは、自分がどのような人間かがわからないというアイデンティティの障害である。自分がわからず、自信がないために、感情面、行動面、自己意識面のさまざまな不安定が生じると考えられる。

そのような人物は、自分に価値が感じられないイライラがあり、攻撃性が自分に向かい自暴自棄な自己破壊的行動に出ることもあれば、攻撃性が他人に向かうこともある。

相手を理想化して、全面的に頼ったり、期待したり、かわいがったりしていたかと思うと、見損なったとか裏切られたとか痛烈に批判し、こき下ろすようになるなど、人に対する評価が極端から極端へと揺れ動くのも、自信のなさゆえのものと言える。

機嫌良くしていたかと思うと、ちょっとしたひと言に烈火のごとく怒り狂うというような、激しい感情面の変動も、境界性人格障害の特徴である。

ふつうに仕事をこなし、一見適応しているように見え、短期的なつきあいや浅いつきあいではその行動の深刻な問題性にはなかなか気づかない。

ところが、関係が密になってくると、「どこかおかしい」という感じが伝わってくる。極度に依存的になったり、要求が際限なく過大なものになったり、相手が思い通りにならないと激しい怒りを示したり、相手を無理やり動かそうと手練手管を用いたりする。

そうした自己中心性や操作性のため、親しい人間関係はなかなか長続きしない。

このような人格障害的な人物は、かかわると非常に面倒なことになり、振り回されるので、巻き込まれすぎないように適度に距離を置くようにすべきだろう。

第5章

面倒な人と思われないために

もしかしたら、あなた自身も……？

これまでに面倒くさい人のパターンやその背後に潜む心理メカニズムについて解説してきた。

それを読みながら身近な人物を思い浮かべ、

「あの人は、まさにこのパターンだな。何であんなに面倒くさいことばかり言うんだろうって思ってたけど、そこにはこんな心理が働いていたのか」

「何かと嫌味っぽいことを言う人がいて、あんなみっともない態度をとって、自分が嫌にならないんだろうかって思ったりしたけど、無意識だから平気なのか」

などと、その心理を知り、本人の事情が多少なりとも理解できるようになったのではないだろうか。

理解できるようになれば、その面倒くささに対する苛立ちも軽減し、ある程度は我慢できるようになるはずだ。

だが、ここで改めて心に留めておいてほしいのは、身近な面倒くさい人たちは、わざと面倒くさいことを言っているわけではなく、意識して面倒くさく振る舞っているわけでもないということだ。知らないうちに周囲の人たちにとって面倒くさい人になってしまっているのであって、本人にそうした自覚はないのがふつうだ。

ゆえに、あなた自身も、いつの間にか周囲の人にとって面倒くさい人になっているかもしれないのである。

そこで、第2章および第3章を参考に、自分自身の日常を振り返ってみてほしい。周囲の人たちの反応のなかに、何か気になるものはなかっただろうか。自分自身の行動の中に、周囲の人を苛立たせたり、呆れさせたりさせるような要素はないだろうか。自分自身の心理として、思い当たるものはないだろうか。

そのように面倒な人の心理メカニズムを参考に自分自身を振り返ることで、面倒な人になるリスクを軽減できる。もうすでになっているかもしれない場合も、これから改善するためのヒントが見つかるはずだ。

上司にとってかわいい部下は、情けない先輩だったりする

ただし、どんな相手を面倒くさいと感じるかは、立場や価値観によってまったく違ってくる、場合によっては正反対になったりもするので、注意が必要である。

たとえば、上司にとっては、指示に対していちいち疑問を口にするような部下は面倒くさいし、注意に対して言い訳の多い部下も面倒くさい。

「つべこべ言わずに指示に従って動いてくれ」
「言い訳はいいから、とにかく改善してくれ」

と言いたくなるはずだ。

一方、指示に忠実に従い、注意を素直に受け入れる部下は、気分よく接することができるため、かわいい部下ということになりがちだ。

だが、そうした部下の後輩にとっては、上司の言いなりになっているだけの先輩は情けない先輩であり、そんな先輩を見ているとイライラするはずだ。逆に、現場のことを知らずに勝手なことを言ってくる上司に対して、言うべきことはきちんと言ってくれる、いわば上司

にとって面倒くさい先輩は、とても頼りになる先輩ということになる。

また、権威主義的で権力を振りかざすタイプの上司にとっては、いちいち意見を言う部下は生意気でかわいくなく、面倒くさい人物ということになりがちである。

一方、民主的な性格で、課題重視の姿勢をとる上司にとっては、意見を遠慮なく言ってくれる部下の方が、参考となる視点が得られ、判断の誤りを防ぐのに役に立つという点で、面倒くさいどころか頼もしい部下ということになる。

自分が上司の場合は部下の視点に立って想像してみたり、自分が部下の場合は上司の視点に立って想像してみるなど、視点を入れ替えてみると、自分の日常を効果的に振り返ることができるだろう。

保身的なやさしさを見抜くのは難しい

私が長くかかわってきた教育現場でも、どういう教師が面倒くさい教師なのかは、学生によっても大いに違ってくる。

たとえば、「今どきの学生は、自己主張が強く、思い通りにならないと不満をもち、ネットで悪口を広めたりして面倒だから、うるさいことは言わずに、何でも認めて、好きにやらせておけばいい」という教師もいる。

とにかく何でもほめてやればいい気になって文句は言わないから、こっちの身も安泰なので、とりあえずほめまくることにしているという教師もいる。

課題を与えると厳しくて嫌だということで、授業評価が悪くなるから、このところ課題を出すのはやめて、授業に出るだけで単位を与えるようにしているという教師もいる。

いずれも学生を育てる、力をつけさせるといった姿勢はなく、学生のことなどどうでもよく、自分の身を守ることしか頭にないという、非常に利己的な姿勢をとっている。事なかれ主義で、教育する立場としての自覚がなく無責任で、学生のためといった視点が欠けている。

そのような教師のことを、

「あの先生はやさしいから好き」

と言っている学生たちを見ると、保身的なやさしさを見抜くのはなかなか難しいものだと思わざるを得ない。

立場や能力によっても異なる「面倒くさい人」

立場や能力が違えば、見えているものが違うのだ。

能力があり、向上心もある学生は、ただ甘いだけの教師よりも、課題をきちんと課してくれる教師を好む傾向がある。また、最新の理論を紹介するなど、内容豊かな授業をしてくれる熱心な教師を好む傾向がある。

もちろん今の時代、厳しいだけでは学生はついてこない。そこで、母性で気持ちをつないで世話をしつつも、父性で課題を課し、期待を示して、鍛えようとする。そんな教師に、向上心のある学生は食らいついてくる。期待に応えようと頑張る。

だが、能力が低く、やる気も乏しい学生にとっては、そのような教師の授業はただ面倒くさいだけで、内容が乏しくても甘い教師を好む傾向がある。

やる気のない学生にとっては、できるだけ手を抜いて単位を取れることが大事で、それが自分にとってコスパの高い授業であり教師であるということで、いい加減な教師の授業の評価が高くなったりする。

何もしなくても、点数がどんなに悪くても、単位をくれる先生がやさしい先生なのであり、課題を課してくる教師や授業で最新の研究内容を紹介するような教師は、頭を使わないといけないから、「マジ鬱陶しい」存在ということになる。

会社でも、似たようなことがあり、どのような上司がやさしい上司で、どのような上司が面倒くさい上司であるかは、部下の能力や向上心、あるいは価値観によって大きく違ってくる。

たとえば、仕事の誠実さや完成度にこだわる人が上司である場合、「これでいいだろう」と思い、納入しようと思った製品に「待った」をかけ、完成度を高めるための修正を要求するかもしれない。部下も仕事の誠実さや完成度にこだわるタイプである場合は、修正要求に納得し、面倒くさがらずに工夫しながら改善するだろう。

だが、仕事の誠実さや完成度よりも仕事の効率やコスパにこだわる部下だと、

「せっかく終わったと思ったら、やり直しかよ」

と面倒くさがるはずだ。

勉強でもスポーツでもそうだが、仕事でも、注意やアドバイスに熱心な相手を面倒くさい

と感じ、自分のやり方をなかなか修正していかない人物は伸びない。

困難な課題を課せられたり、完成度を高めるためにやり直しを求められたりするのは大変だが、それを面倒くさいと思うのは、容量が小さく伸び悩む人物であることが多い。面倒くさいといった感受性が成長を妨げている。

伸びる人物は、面倒くさがらずに困難な課題にチャレンジするし、注意やアドバイスをとり入れて、自分のやり方を修正することで、パワーアップしていく。

「どんな人が面倒くさいか」で自分の弱点もわかる

このようにみてくると、どうにも面倒くさくて困る人がいるのは事実にしても、「あの人は面倒くさいな」と感じてしまう自分自身の感受性に問題があるケースもあるので、身の周りの面倒くさい人を思い浮かべながら、振り返ってみる必要がありそうだ。

たとえば、いろいろと意見を言う部下を面倒くさいと感じる場合は、権威主義的で人の意見に耳を貸さないタイプなのかもしれない。だとすると、このままではなかなか周囲から信頼を得られないだろう。

上司の注意やアドバイスを面倒くさいと感じる場合は、向上心が乏しいタイプなのかもしれない。あるいは、劣等コンプレックスが強く、自分のミスや能力の欠如を素直に認めないタイプなのかもしれない。いずれにしても、このままでは成長していけない。

ときどき自分の考えと違う意見を言うことがある人物に対してイラッときやすい場合は、共感性が乏しかったり、感受性の違いを理解できなかったりするのかもしれない。そのため、自分が絶対正しいと思い込んでしまう。このままでは偏見に凝り固まり、新たな視点を取り込むことができず、人間の幅が狭くなってしまうばかりでなく、仕事上もアイデアが乏しくなったり、人間関係の調整ができなかったりと、能力の限界にぶつかりやすい。

頭の回転が速すぎること自体はべつに悪いことではないが、自分が頭の回転が速すぎると、

「なんでこんなことがわからないんだ」

「どうしてこんなに能率の悪いやり方をするんだ」

などと、相手の理解の悪さや仕事の能率の悪さに苛立つことが多くなる。自分より理解力が悪い人物や仕事の能率が悪い人物もうまく動かせるようでないと、組織人としてのチームプレーはうまくいかない。

会議などでいろいろ質問をしてくる人物に対して、

「そんなに細かいことまで気にすることないのに」

とイライラしたり、仕事を振ってくる際に細々とした注意事項を口にする上司や先輩に対して、

「いちいち細かいな。そんなこと、どうでもいいじゃないか」

とイライラしたりする場合は、せっかちで慎重さに欠ける傾向があるのかもしれない。そこは多少改善しないと、見通しの甘さによる判断ミスで痛い目にあったりしかねない。

自分がどんな相手にイラッときやすいか。自分はどんな相手を面倒くさいと感じやすいか。そこを振り返ることで、自分自身の特徴がわかるとともに、自分自身の改善すべき点もみえてくる。

状況にふさわしい行動をとれているか

自己モニタリング傾向の強い人は、自分がどのように見られるかについての関心が強く、自分の行動の適切さに対する関心も強い。

そのため、他者の感情表出行動や自己呈示に敏感で、そうした情報を用いて自分の行動をモニターする傾向がある。

このように、自己モニタリング傾向の強い人は、状況に合わせて自分の行動を柔軟に調整する傾向が強いため、状況による行動の変動が生じやすいといった特徴もみられる。

自己モニタリング傾向は、状況にふさわしい行動につながるため社会適応を促すものの、それが強すぎると、自分を抑えすぎて、ストレスを溜め込むことにもなる。

逆に、自己モニタリング傾向の弱い人は、人からどう見られるかとか自分の行動が社会的状況にふさわしいかどうかにはあまり関心がない。

自分の行動をモニターする傾向が弱く、自分の欲求に素直に行動をとるため、状況をあまり考慮せずに一貫した行動をとりやすい。そのため、ときに場にそぐわない言動を平気でとることにもなりがちである。

自己呈示がうまくできる人とできない人を分ける重要な要因のひとつとして、この自己モニタリング傾向がある。

自己モニタリング傾向は、他者の言動の意味を解釈する能力（解読能力）と自分の言動を調整する能力（自己コントロール能力）の2つの側面からとらえることができる。

つまり、他者の反応をみながら自分の言動が適切かどうかを知る能力と、適切な言動をとるために自分の言動を場にふさわしい方向へと調整する能力である。

自己モニタリング傾向のチェック方法

心理学者のレノックスとウォルフは、他者の表出行動への感受性と自己呈示の修正能力という2因子からなる自己モニタリング尺度を作成している。

以下のような項目で自己モニタリング傾向は測定される（レノックスとウォルフの論文より抜粋、榎本訳）。

「他者の表出行動への感受性」因子の主な項目

- 相手の目を見ることで、自分が不適切なことを言ってしまったことにたいてい気づくことができる
- 他者の感情や意図を読み取ることに関して、私の直観はよくあたる

● だれかが嘘をついたときは、その人の様子からすぐに見抜くことができる
● 話している相手のちょっとした表情の変化にも敏感である

「自己呈示の修正能力」因子の主な項目

● その場でどうすることが求められているのかがわかれば、それに合わせて行動を調整するのは容易《たやす》いことだ
● どんな状況に置かれても、そこで要求されている条件に合わせて行動することができる
● さまざまな人や状況にうまく合わせて行動を変えるのは苦手である（逆転項目＝あてはまらないときに自己呈示の修正能力が高いことになる）
● 相手にどんな印象を与えたいかに応じて、つきあい方をうまく調整することができる

それぞれ3項目か4項目があてはまれば、その能力がそこそこあるといってよいだろう。ほとんどあてはまらない場合は、これからは対人場面では自己モニタリングを意識してみる

必要がありそうだ。

すぐイライラする人が抱える刷り込み

文句の多い人物やすぐにイライラする人は、周囲の人たちにとっては鬱陶しく、かかわるのが面倒くさい人物ということになりがちだ。

そんな面倒くさい人間にならないためには、認知行動療法の手法を取り入れ、頭の中にある認知要素を書き換えるのが有効だ。認知要素というのは、わかりやすく言えば、頭の中に刻まれている文のようなものだ。

たとえば、察しが悪く、いちいち具体的に指示しないとちゃんと動けない部下に対してイライラして、つい乱暴な言い方で文句を言ってしまうのは、

「いちいち言わなくても察して動くべきだ」

という文が頭の中に刻まれているからである。この文を、

「察して動いてくれれば助かるけど、仕事に慣れないうちはどう動いたらいいかを察するのは難しいんだろうな」

「察しの良いのが理想だが、察するのが苦手な人間も増えてきたなあ」

などと書き換えれば、察しの悪い部下にもあまりイライラせずに済む。

工夫の足りない部下に対して、ついきついことを言ってしまう場合も、

「言われなくても自分で考えて工夫すべき」

という頭の中の文を、

「言われなくても自分で考えて工夫できるようになったら頼もしいな」

といった感じに書き換えれば、気持ちが楽になり、きつい対応をしなくて済むようになる。

こちらが期待するような成果をなかなか出せない部下に、イライラして当たってしまうのも、

「部下は成果を出して上司の期待に応えるべきだ」

という文が頭の中に刻まれているからである。その文を、

「成果を出してくれない部下は困ったものだが、本人もそんな自分に納得していないはず」

という感じに書き換えれば、期待する成果を出せない部下に対しても寛大な対応ができるようになるだろう。

頭の中の「〇〇すべき」を書き換える

仕事の手際が悪い部下に対してイライラするのも、

「もっと手際よくやるべきだ」

という文が頭の中に刻まれているからである。その文を、

「もっと手際よくやってくれると助かるんだが」

というように微妙に書き換えるだけでも、イライラは減るはずだ。

あまりアドバイスをしてくれない上司に不満をもち、つい拒否的な態度を示してしまうのも、

「上司なら、もっと役に立つアドバイスをしてくれるべきだ」

という文が頭の中に刻まれているからだ。その文を、

「上司なら、もっと役に立つアドバイスをしてほしいけど、自分で考えて試行錯誤する方が成長できるな」

といった感じに書き換えれば、上司に対する不満やイライラも和らぐはずだ。

ほめてくれない上司に対して、やさしくないから嫌だと不満をもち、素直に従う気持ちになれない場合も、

「上司は部下をほめるべきだ」

という文が頭の中に刻まれているからだ。その文を、

「上司にほめられればうれしいけど、ほめて育てる上司ばかりじゃないし」

「無責任にほめるばかりで、本気で部下を育てる気のない保身的な上司もいるらしいな」

などと書き換えれば、上司に対してもっと素直になれるはずだ。

頭の中にある「○○すべき」「○○であるべき」という文を、「○○してくれたら嬉しいな（ありがたい）」「○○してほしいけど、そうでないなら仕方ない」「相手には相手の考えがあり、能力があり、生き方があるのだし、それを尊重しなければ」「こんなふうだといいんだけど仕方ない。何事も思い通りになるわけではないし」といった思いを意識しつつ書き換えるのがコツだ。

コンプレックス形成を防ぐ自己受容とは

第3章で解説したように、劣等コンプレックスの強い人物は、傷つきやすく、ちょっとしたことでいじけたり、敵意帰属バイアスが作動して攻撃的反応を示したりするため、かかわる際に非常に気をつかう。はっきり言って面倒くさい。

自分自身がそのようになるのを防ぐには、自分の弱点に対する思いが劣等コンプレックスを形成しないように、自分の弱点を素直に受け入れておく必要がある。

たとえば、書類の不備を指摘されたり、顧客に対する態度を注意されたりすると、言葉の上では「すみません」と謝っても、ムッとした表情になり、感情的に反発しているのがわかる人物はややこしくて面倒くさい。そのような人物は、自分の能力が微妙で、有能な働き手になっていないことが劣等コンプレックスとなっているのである。

自分は営業能力が低い、まだまだ未熟だということを素直に受け入れれば、能力の低さや仕事ぶりの未熟さを指摘されても、素直に聞き入れ、改善していこうという気持ちになれる。

部下が相談なしに仕事を進めるのを快く思わず、自分で考えてちゃんと仕事を進めている部下に嫌味を言ったり、みんな忙しくていっぱいいっぱいなのにホウレンソウがないと不機嫌になったりする上司は、じつに手がかかり鬱陶しい存在だ。

そのような人物の場合は、自分の能力に自信がなく、部下から頼られる上司ではないのではないか、部下からバカにされているのではないかといった思いが劣等コンプレックスを形成している。

自分はけっして頭が良い切れ者ではないという自分の弱点を受け入れ、それでも自分は誠実に仕事をしてきたし、地道に努力をしてきたというように、自分の長短を合わせて自己受容できれば、部下の相談や報告がないことにそんなに脅かされずに済むし、大らかな気持ちで管理能力を発揮できるようになるだろう。

運動神経が鈍いことが劣等コンプレックスになっている人は、みんなで歓談しているときにスポーツの話題になると嫌な気分になり急にそっぽを向いたり、話題になっているスポーツ選手のことを悪く言ったりして空気を乱す。

一方、運動神経が鈍い自分を受け入れている人は、

「私、運動神経が相当鈍いみたいで、サッカーボール蹴ろうとして空振りして思い切り転ん

じゃって……」

などと自分の運動神経の鈍さを笑い話にできる。

太っていることが劣等コンプレックスになっている人は、体型の話題が出るとピリピリした感じになるため、周囲の人はその人の前ではけっして体型の話を出さないように気をつかう。

一方、太っている自分を受け入れている人は、

「オレさあ、出張はホントはビジネスクラスにしてほしいんだよね。っていうのは、エコノミーだと席が狭いからお尻がしっかりはまっちゃって、降りるときにお尻が抜けずに困ることがあるんだ」

などと自分の肥満体型をネタにして笑いを取ることさえできる。

「面倒くさい人」になるべきときもある

本書では、面倒くさい人の行動的特徴やその背後にある深層心理について解説し、面倒くさい人への対処法や自身が面倒くさい人にならないための心構えについて解説してきた。

だが、ここで注意を促しておきたいのは、面倒くさい人の中には、こだわりのある人も含まれるということである。

たとえば、社内の戦略会議で、利潤追求のためには取引先の一部を切り捨てることもやむを得ないという見解が示され、いつものように全会一致で決まるかと思いきや、反論が出る。

「これまでに築き上げてきた信頼関係を損なうようなことをしていいんですか。こっちが困ってるときに助け船を出してくれたこともあったし……」

と、切り捨て策に異議を唱える。

それに対して、提案者は、

「取引先との信頼関係などと言いますけど、それではウチが潰れてもいいって言うんですか。こっちだって営利企業なんだから、利益につながらない取引先は切り捨てるのが当然でしょう。温情で身を滅ぼすつもりですか」

と、極端なケースまで持ち出しながら、苛立って反論する。

異議を唱えた人物は、そう言われても納得いかないといった感じで、

「そんなことをしてたら他の取引先からもそっぽを向かれて、そのうち足をすくわれますよ。

利潤追求のためにはどんな裏切りをしてもいいってわけじゃないと思うんですけど……」

と、これまた苛立ちを見せながら疑問を突きつける。

提案者からすれば、すぐに納得してくれると助かるし、このようにこだわりがあり、しつこく疑問をぶつけてくる人物はどうにも扱いにくい、面倒くさい相手ということになる。

行きすぎた忖度で起こる不祥事の罠

それぞれに自分が正しいと信じる理屈があり、どちらの方が正しいと簡単に結論づけることはできない。だが、愚策がうっかり通ってしまうのを防ぐためには、いろんな角度から徹底的に検討することが必要である。

つぎつぎに明るみに出る企業などの不祥事も、無言の同調圧力に屈して、ほんとうの議論が行われなかったことによる。

そのようなリスクを回避するためにも、あえて自身が面倒くさい存在になる覚悟で、疑問に思うことや危ないと思うことはしつこく確認し、意見しなければならないときもある。

一見して利潤追求から距離があり、無難に運営されているとみなされがちな教育現場でも、面倒くさい人の存在が必要なのではないかと思われる場面が多々あるものだ。

たとえば、就職が内定している学生を卒業させないのはかわいそうだし、企業からの評判も悪くなるから極力単位を出すようにということになったとき、「点数が一桁の学生まで60点以上にして単位を出すのは教育的ではない」などと言い出す面倒な教員がいて困るというような話を耳にすることがある。

あるいは、点数の悪い学生を落とすと卒業しにくい大学だという悪評が広がり受験生が減るから、どんなに酷い点数でも極力単位を与えるようにという方針に対して、「それは教育者としての使命を放棄する行為だ」などと正論を口にする教員がいて困るというような話を耳にすることもある。

学生は授業料を払っている、いわばお客様なのだから、授業料と引き換えに単位を与えるのは当然ではないか、といった見解を経営側の人物が口にするのに対して、それに違和感を覚える一部の教員が「教育機関がそういう発想をするのはおかしいのではないか」と反論することもある。当然、経営側からしたら鬱陶しい教員ということになる。

「面倒くさい人」が組織を守ることも

じつは、私もその種の面倒くさいことを言うことがあるため、その手の話題になると、

「でも、単位を与えないのはかわいそうと言いますけど、授業料を払わせて何も身につけないまま卒業させる方がかわいそうという発想もあるんじゃないですか」

と言いたくなるわけだが、そうすると、

「そんなことを言ってたら、私たち自身の首を絞めることになるんですよ。卒業しにくいっていう評判が広まったら、確実に受験生は減りますから」

などと、あくまでも保身的な視点からのコメントが返ってくることが多い。

こだわりを捨てれば立場は守られるかもしれないが、ほんとうに組織のことを考えた場合に、こだわりが必要なときもある。あるいは、自分の職業的使命感や人生を導く価値観からして、どうしても譲れない一線というところにこだわりたいこともある。

忖度によって疑問も意見も封印し、その場の気まずさを避けるだけでは、けっして有能な働き手にはなれないし、そもそも自分自身が納得できる人生になっていかない。

ただし、それによって組織から排除され身を滅ぼすこともあり得るわけで、どんなことにどこまでこだわるかは慎重に判断すべきだろう。面倒くさい人物に寛容な組織はあり得ない。

また、自分のこだわりがほんとうに意味があるのかどうか、そこもしっかり振り返ってみる必要がある。

他者の視線に触れることの重要性

自分では職業的使命感や人生観からしてとても譲れないという気持ちでいても、もしかしたら独りよがりの正義感によって極端な主張をしているのかもしれない。

そうなるのを防ぐためにも、信頼できる人物たちと意見交換する場を日常的にもつことが大切である。人の意見に耳を傾けることで自分の考えをチェックすることができる。

私たちは事実の世界を生きているわけではなく、事実を主観的に解釈した意味の世界を生きている。ゆえに、客観的にものを見ることなどできない。

だが、自分のものの見方の歪みを少しでも正すためにも、他者の視点に触れ、自分の中に多くの視点を取り入れていく必要がある。

そうすることで、意味あるこだわりと意味ないこだわりを多少なりとも区別することができるようになり、むやみに面倒くさい人にならずに済むだろう。

おわりに

人づきあいにはほんとうに気をつかう。

「心理学者だから人間関係に苦労することなんてないんでしょうね」

などと言われることがある。

とんでもない誤解だ。心理学の世界に身を置く人間ならわかることだが、心理学者には人間関係に不器用な人物、社会的に不適応気味な人物が圧倒的に多い。はっきりいって奇人変人だらけである。なぜか。それは心の法則に関心があるような人間だからだ。

人間関係に戸惑うようなことがなければ、心の法則を知りたいなどとは思わない。もっと他のことに関心を向けるだろう。人づきあいに苦労したり、社会適応に躓《つまず》いたりして、どうしたら人とうまくかかわっていけるのだろうか、自分に何か問題があるのだろうかと考えるとき、相手や自分を動かしている心理法則が気になってくるのだ。

このところ心理学への関心がいっそう強まっているようだが、それは人間関係がますます難しい時代になっていることのあらわれかもしれない。

実際、学生たちのレポートを読んでも、「日常の人間関係に気をつかいすぎて疲れる」という者が非常に多い。他のテーマにはあまり関心のない学生たちも、人間関係に気をつかいすぎて疲れる心理がテーマのときには、集中力を切らさず熱心に聴講している。

若手社員たちと話しても、職場にどう対応したらよいかわからない相手がいて困るといった話題に事欠かない。

人との間を生きる私たち人間にとって、人づきあいというのは、楽しみや癒しになると同時に、最大のストレス源にもなっているのだろう。

そんなことを思っているときに、日本経済新聞出版社編集部の長澤香絵さんから、『どんな場所にも「ちょっと厄介な人」がいますよね。そんな「悪い人じゃないんだけど、どうも面倒くさい人」について一冊書いてくれませんか』と打診があった。

たしかに厄介な人というのはどこにでもいる。私も、これまでの人生を振り返れば、具体的に何人も顔を思い浮かべることができる。自分自身が人づきあいに苦労したり、人づきあいに悩む人たちの相談に乗ったりしながら、私たちを動かしている心理法則を探求した者として、そうした「かかわると面倒くさい人」の心理法則を示し、うまい共存の仕方を工夫するヒントを与えることができるかもしれない。そんな思いでこの本を書いた。

本書を読むことで、面倒くさいと感じる身近な人の心理に対する理解が深まり、イライラが軽減し、寛容になれた。自分がどんな人を面倒くさいと感じるかをはっきりさせることで、自分の弱点や偏りに気づくことができた。そんな反応を期待したい。

最後に、このようなテーマを投げかけてくれた長澤香絵さんに心からお礼を申し上げたい。

2018年4月

榎本博明

榎本博明 えのもと・ひろあき

心理学博士。1955年東京生まれ。東京大学教育心理学科卒。東芝市場調査課勤務の後、東京都立大学大学院心理学専攻博士課程中退。川村短期大学講師、カリフォルニア大学客員研究員、大阪大学大学院助教授等を経て、現在MP人間科学研究所代表。著書に『「上から目線」の構造』『薄っぺらいのに自信満々な人』『仕事で使える心理学』『ほめると子どもはダメになる』『中高年がキレる理由』など多数。

MP人間科学研究所

mphuman@ae.auone-net.jp

日経プレミアシリーズ 373

かかわると面《めん》倒《どう》くさい人《ひと》

二〇一八年五月十日　一刷
二〇一八年五月三十日　四刷

著者　榎本博明
発行者　金子　豊
発行所　日本経済新聞出版社
https://www.nikkeibook.com/
東京都千代田区大手町一―三―七　〒一〇〇―八〇六六
電話（〇三）三二七〇―〇二五一（代）

装幀　ベターデイズ
組版　マーリンクレイン
印刷・製本　凸版印刷株式会社

ISBN 978-4-532-26373-7　Printed in Japan

日経プレミアシリーズ281

薄っぺらいのに自信満々な人

榎本博明

どんなときも前向き、「完璧です！」と言いきる、会社の同期や同級生といつも一緒、Ｆａｃｅｂｏｏｋで積極的に人脈形成……こんなポジティブ志向の人間ほど、実際は「力不足」と評価されやすい？　ＳＮＳの普及でますます肥大化する承認欲求と評価不安を軸に、現代人の心理構造をひもとく。

日経プレミアシリーズ157

「すみません」の国

榎本博明

実は迷惑なのに「遊びに来てください」と誘う、「それはいいですね」と言いつつ暗に拒否している、ホンネトークと銘打って本当のホンネは話さない……。なぜ日本人はこれほどわかりにくいのか？国際社会でも読み取りにくいとされる日本ならではのコミュニケーションの深層構造を心理学者が解剖する。

日経プレミアシリーズ182

「やりたい仕事」病

榎本博明

やりたいことが見つからないから、と就職を先送りする大学生、目の前の仕事は適当なのにスキルアップには余念がない若手社員……。数々の教育現場を知る著者が、巷に溢れる「やりたい仕事」病の若者とその背景にあるキャリアデザイン教育の過熱に警鐘を鳴らし、先が見えない時代を生き抜くための新たな働き方の軸を提案する。